BIBLIOTHÈQUE ROSE ILLUSTRÉE

I0027795

JEUX

ET EXERCICES

DES JEUNES FILLES

PAR

Mme DE CHABREUL

OUVRAGE ILLUSTRÉ DE 55 VIGNETTES

PAR FATH

PARIS

LIBRAIRIE HACHETTE ET Cie

79, BOULEVARD SAINT-GERMAIN, 79

PRIX : 2 FRANCS 25

JEUX

ET EXERCICES

DES JEUNES FILLES

COULOMMIERS
Imprimerie P. Brodard et Gallois.

JEUX
ET EXERCICES
DES JEUNES FILLES

PAR

Mme DE CHABREUL

OUVRAGE ILLUSTRÉ DE 62 VIGNETTES

PAR FATH

SIXIÈME ÉDITION

PARIS
LIBRAIRIE HACHETTE ET Cie
79, BOULEVARD SAINT-GERMAIN, 79

1890

AVANT-PROPOS.

Dans ce recueil, que nous dédions aux jeunes filles, nous avons cherché à réunir les jeux les plus agréables, propres à tous les âges et à toutes les conditions. Nous en avons présenté une explication simple et rapide, en y ajoutant quelques détails qui nous ont paru intéressants, ou quelques conseils donnés avec discrétion.

Dans cette longue série de jeux variés, que nous avons retrouvés dans notre mémoire ou dans divers auteurs, il y en a beaucoup assurément qui peuvent convenir à tous les caractères, aux plus légers comme aux plus sérieux ; aussi venons-nous demander avec instance à nos jeunes lectrices de préférer les jeux, quels qu'ils soient, à des causeries frivoles qui seraient moins profitables que ces simples amusements dédaignés par elles trop souvent.

Ajoutons que les jeux qui paraissent dénués d'intérêt, si on les juge à première vue, renferment souvent une idée ou une tradition, et souvent se rattachent à une coutume ancienne ou à un fait historique. Nous avons cherché, à l'aide de la science d'autrui, les origines des jeux dont la naissance n'était pas enveloppée d'obscurité, ce qui arrive pour ceux que la fantaisie seule a produits. Puisque les jeunes filles deviennent sérieuses, on le prétend du moins, nous espérons, par ces courtes digressions, leur faire accueillir nos jeux avec plus d'intérêt. Si nous avons réussi, nous nous applaudirons d'avoir perpétué le goût de ces honnêtes passe-temps qui ont amusé tant de générations et traversé des siècles pour venir jusqu'à nous.

Avant de mettre ce petit traité entre les mains des jeunes filles, nous supplions les mères d'accepter pour elles-mêmes un conseil que nous nous permettons de leur adresser avec la hardiesse que donnent les bonnes intentions.

On ne peut se dissimuler que des liens étroits rattachent toutes les parties de l'éducation, et, en examinant ce sujet, bien sérieux au fond, il est nécessaire d'admettre l'influence des jeux et des amusements, soit comme une sorte de gymnastique agissant sur le corps seulement, soit comme un exercice de l'intelligence. De ceux-là, une femme d'un esprit supérieur [1] a dit : « S'ils sont en général peu propres à instruire, ils peuvent l'être à développer. Quelques-uns demandent de la présence d'esprit et de la rapidité de repartie ; d'autres, une analyse des idées pareille à celle qu'on emploie dans les sciences d'investigation, d'autres des efforts de mémoire. »

[1]. Mme Necker de Saussure, *Éducation progressive*, t. II. p. 288.

Sans donner aux jeux une trop grande place dans l'éducation, nous ne pouvons donc leur refuser d'en faire partie, et nous conseillons à la mère attentive de s'en servir quelquefois comme d'auxiliaires pour la grande et difficile mission qu'elle a reçue de la Providence. Considérés sous ce rapport, les jeux n'ont plus rien d'inutile ou de trop puéril. C'est pourquoi nous engageons les mères à y assister et même à les diriger le plus souvent qu'elles le pourront. Nous nous servirons, pour appuyer notre sentiment, de l'autorité d'un pieux écrivain [1] : « Jouez et chantez avec vos enfants, dit-il, ou du moins voyez leurs jeux avec complaisance, et écoutez leurs chants d'un air satisfait, pourvu que rien n'y blesse la modestie. »

Cette *complaisance* de la mère n'ôtera rien à la gaieté des jeux; peut-être même que sa présence les rendra encore plus agréables, si elle les dirige de manière à prévenir les contestations et les froissements d'amour-propre qui ont lieu si souvent dans les réunions d'enfants. De leur côté les enfants doivent être touchés et reconnaissants de voir un père ou une mère s'associer à ces jeux par pur dévouement.

Voici la division que nous avons donnée à notre recueil :

Première partie : *Jeux d'action*, utiles surtout dans les récréations, pour délasser d'un travail sédentaire par le mouvement et l'exercice.

Deuxième partie : *Jeux avec jouets*. Nous décrivons

---

1. Le P. Antoine de Lombez, *Traité de la joie de l'âme chrétienne.*

la forme et l'usage des jouets le plus fréquemment employés par les jeunes filles.

Troisième partie : *Les Rondes*, qui, comme jeux d'action, ont un rapport marqué avec les jeux de la première partie, mais qui en diffèrent parce qu'elles sont accompagnées de chants dont nous donnons les airs notés.

Quatrième partie : Jeux que l'on appelle *Jeux d'esprit*, qui se jouent entre plusieurs personnes sans employer d'objets matériels. Ils ont lieu ordinairement par demandes et par réponses. Il s'en trouve parmi ceux-là un certain nombre qui paraîtront peut-être trop simples, mais ils auront leur emploi quand il s'agira d'amuser les tout petits enfants, que leur âge exclut des jeux plus compliqués.

Un appendice placé à la fin de l'ouvrage expliquera les principes et les figures de la danse.

Le loup ou la Queue leuleu.

JEUX ET EXERCICES
DES JEUNES FILLES.

PREMIÈRE PARTIE.
JEUX D'ACTION.

LE LOUP OU LA QUEUE LEULEU[1].

Plusieurs enfants, en se tenant par la robe, figurent un troupeau de moutons, ayant la bergère à

[1]. Nous n'avons pas placé ce jeu parmi les rondes, parce qu'il
n'est accompagné que d'une très-courte phrase de chant qui se

leur tête. Celle-ci chante, et les autres répètent
après elle ces vers dont la rime n'est pas riche :

> Promenons-nous dans les bois,
> Pendant que le loup n'y est pas.

Une de leurs compagnes, qui est cachée, figure le
loup. Quand elles ont fait plusieurs tours, elles s'é-
crient : *Loup, y es-tu?* Le loup ne répond rien, et la
promenade recommence aussi longtemps qu'il plaît
au loup de ne pas accourir Quand approche le dénoûment, l'émotion augmente, parce qu'il vient
un moment où le loup s'écrie à son tour: *Oui!* en
s'élançant nors de sa retraite. Alors les moutons
fuient dans toutes les directions, et la bergère,
qui ne peut pas être prise, se met autant qu'elle
le peut devant le loup, afin de protéger son troupeau. Quand le loup s'empare enfin d'un des moutons, le jeu recommence, car le mouton devient
loup à son tour; ou bien on peut convenir que le
loup se saisira successivement de tous les moutons, et que ce ne sera que le dernier mouton
qui prendra sa place[1].

rattache à l'action, mais sans la diriger, tandis que les rondes
dont se compose la troisième partie de notre livre sont pour la
plupart de petites scènes qui se jouent et se dansent à l'aide d'un
chant presque continuel, qui en détermine les différentes parties.

1. Souvent, pour indiquer la personne qui dirigera le jeu, ou
qui y remplira un certain rôle, on tire au sort, par le *doigt
mouillé*, par *pile* ou *face*, ou par la *courte paille*. On sait assez
ce que signifient ces différentes manières de tirer au sort, pour
qu'il soit superflu d'en donner ici l'explication.

Ce jeu, si simple en lui-même, peut être varié par l'imagination des enfants. A la place du mouton poursuivi par le loup, quelquefois ils supposent une biche, si l'action se passe dans les bois, et aux différentes interpellations de l'animal féroce, la victime répond selon son courage ou sa frayeur. — *Le loup :* Je te mangerai! *La Biche :* Je me défendrai, ou, je me sauverai; etc.

Ce jeu, assez ancien, ainsi que nous le verrons plus tard, s'appelle *Queue leuleu*, parce que les enfants marchent à la suite les uns des autres, comme marchent les loups, qu'en vieux français on nommait *leux*. Cette terreur du loup date du temps où les forêts étaient plus nombreuses et peuplées d'un grand nombre de ces féroces animaux. Aujourd'hui, à l'exception de quelques départements très-boisés ou montagneux qui servent encore de retraite aux loups, les enfants sont rarement exposés à en rencontrer ailleurs qu'au Jardin des plantes; cependant leur imagination, qui se figure si facilement les objets, agit quelquefois d'une manière très-vive dans ce jeu, et va jusqu'à la terreur au moment où le loup s'élance avec des hurlements à la poursuite des brebis fugitives.

Les enfants ne savent pas que des jeux qu'ils répètent, par imitation, leur viennent des temps les plus reculés, presque sans altération. Bien avant eux, bien avant leurs grands-pères, en remontant les siècles, on retrouve dans de vieux livres les mêmes jeux, sous les mêmes noms, ou sous des noms plus modernes qui n'en ont pas changé le caractère. Le chroniqueur Froissart, vers la première moitié du quatorzième siècle, racontant son enfance, nous dit naïvement qu'il jouait à la *Queue leleu*, à *Prime-Mérine*, sorte de *Main Chaude*, aux *Pierrettes*, au *Pince-Sans-Rire*, au *Cheval de bois*, aux *Barres*, à *l'Avoine*, à *Cache-Cache*, au *Deviner*, à *Saute-Mulet*, à la *Cligne-Musette*, à la *Toupie*, etc. Nous donnons cette nomenclature pour montrer avec quelle fidélité se conservent les traditions enfantines.

CACHE-CACHE OU CLIGNE-MUSETTE.

Ce jeu est un des exercices les plus usités parmi les jeunes filles. Pendant que l'une d'elles se cache, toutes les autres ferment les yeux. Si la première est trop longtemps à chercher sa cachette, on a le droit de dire : *Est-ce fait?* et il n'est permis de se mettre à sa recherche que quand elle dit : *Oui,* ou bien : *C'est fait.* On peut aussi convenir à l'avance que quand celle qui se cache ne répondra pas, cela indiquera que l'on peut la chercher. Cet arrangement est préférable, parce que le son de la voix, quand on répond, peut faire facilement découvrir la jeune fille cachée.

On joue également à cache cache d'une autre manière. Une seule jeune fille cherche toutes les autres qui sont cachées, et c'est la première que l'on découvre qui aura la peine de chercher les

autres, à moins qu'elle ne puisse échapper à celle qui l'a trouvée en touchant un but qu'elle atteint en courant.

CACHE-TAMPON.

Une des jeunes filles sort de la chambre ou se tient à l'écart, et ferme consciencieusement les yeux, tandis que les autres cachent un petit objet par exemple un mouchoir plié en boule, d'où vient le nom de *tampon*. Lorsque celle qui doit le trouver est rappelée, elle cherche dans tous les endroits où peut être l'objet caché, et selon qu'elle s'en rapproche ou qu'elle s'en éloigne, les autres lui disent : *Tu brûles* ou : *Tu as froid.* Souvent on prend une pincette sur laquelle on frappe avec

une clef, lentement, lorsque la chercheuse s'é-
carte du lieu où est l'objet caché, très vite quand
elle en est près, et ainsi graduellement. On peut
également indiquer cette direction en agitant une
sonnette à main, ou en frappant une note sur le
piano.

Le même moyen d'indication est encore employé
dans un autre jeu, où il faut que la personne qui
a été désignée pour deviner fasse une action que

l'on a décidée en son absence, comme de souffler
la bougie, de se regarder dans une glace, de
balayer la chambre avec le petit balai du foyer,
enfin quelque chose qui soit facile à exécuter et à
deviner. Quand elle revient, elle fait successivement tout ce qui lui vient à l'esprit, et, si elle est
sur le point de rencontrer juste, la pincette ou le
piano l'en avertit par un son continu et de plus en
plus animé.

LE CHAT ET LA SOURIS.

Il y a deux manières de jouer à ce jeu :

On choisit deux personnes pour représenter deux chats, et une pour faire la souris. On place la souris au milieu du cercle des défenseurs, et les deux chats font un assaut pour essayer de l'attraper. C'est une véritable lutte de chats contre

toute la masse des défenseurs. Ce jeu, à cause des dangers qu'il présente, est plutôt fait pour les garçons que pour les jeunes filles.

Une autre manière, mais qui n'est praticable que dans un jardin, consiste à choisir un but, asile inviolable contre le chat. Dès qu'on a touché le but, on est hors des atteintes du chat, qui partout ailleurs a le droit de vous saisir. Joué dans un jardin, en nombreuse société, le soir, quand il ne fait plus bien clair, ce jeu est animé et amusant. Il est bon que le chat s'attache quelque signe pour se faire reconnaître.

LE CHAT PERCHÉ.

Un des enfants, désigné par le sort, doit poursuivre les autres; mais ceux-ci peuvent se mettre hors de ses atteintes, en se plaçant sur un tabou-

ret ou sur une chaise, n'importe où, pourvu que les pieds ne touchent pas la terre. Si c'est dans un jardin que se fait le jeu, on désigne les objets sur lesquels il sera permis de monter. Lorsqu'un des joueurs est saisi avant d'avoir pris sa place, il doit à son tour poursuivre les autres.

PETIT BONHOMME VIT ENCORE.

Nous n'osons pas affirmer que ce jeu offre un grand intérêt, et nous commençons par avertir

qu'il est un peu dangereux. On allume l'extrémité
d'une petite baguette de bois vert, ou d'un papier
roulé un peu long, ou simplement d'une allumette.
On en souffle la flamme de manière qu'il ne reste
au bout qu'une lueur vive, puis on se la passe
de main en main, en disant : *Petit bonhomme vit
encore*, ou pour allonger la phrase : *Petit bonhomme
vit encore, car il n'est pas mort*, jusqu'à ce que la
dernière lueur s'éteigne, et celle qui le tient en
sa main à ce moment fatal doit donner un gage.

En Angleterre, où ce jeu s'appelle *Robin alive*,
chaque joueur doit dire une phrase plus longue,
dont voici la traduction : *Le petit Robin vit encore.
S'il meurt entre mes mains, que je sois bridée, que je
sois sellée, que je sois menée aux écuries de la reine.*
Au moment où s'éteint le feu, celle qui a la baguette entre les mains dit : *Robin est mort; que je*

sois bridée, etc. Alors on lui bande les yeux, et elle se met sur un canapé, ou sur le tapis, le visage tourné vers la terre. Chacune des autres pose sur ses épaules quelque chose de léger, qu'elle doit deviner, par exemple un journal, un ruban, un gant, etc. Si elle devine juste, elle est relevée de la punition; on rallume la baguette et le jeu recommence. Toutefois, c'est un jeu que nous ne conseillons pas aux jeunes filles, qui peuvent, sans s'en apercevoir, mettre le feu à leurs vêtements.

LE FURET.

Le furet est figuré par une bague que l'on passe dans un long cordon noué par les deux bouts. Les joueurs se mettent en cercle, tenant le cordon qui forme un cercle également, et le faisant constamment tourner. L'anneau est caché dans la main d'un des joueurs. On se le passe en chantant sur différents tons :

> Il court, il court, le furet,
> Le furet du bois, mesdames;
> Il court, il court, le furet,
> Le furet du bois joli.

Ou bien :

> Il a passé par ici,
> Le furet du bois, mesdames,
> Il a passé par ici,
> Le furet du bois joli!

La personne qui est au milieu du cercle doit deviner dans quelle main se trouve l'anneau.

On peut jouer encore sans cordon, en se passant de main en main une pièce de monnaie. La personne qui cherche a le droit de demander à voir les mains ouvertes, quand elle croit y trouver la pièce.

Quelquefois le furet sera un sifflet; alors on ne se sert pas du cordon, mais on se passe le sifflet

de main en main, en sifflant du côté opposé où regarde le patient qui cherche. Une des ruses du jeu est de le lui attacher par derrière avec un long fil, et de siffler pour le faire retourner, et chercher à deviner dans quelles mains est le sifflet, qu'il porte sans s'en douter; mais il faut qu'il n'ait aucune connaissance de cette *attrape* qui ne peut pas se répéter dès qu'elle est connue, et qui ne doit jamais dégénérer en mystification.

Nous recommandons ici, une fois pour toutes
d'apporter dans tous les jeux la loyauté et la vérité
que l'on met à des actions plus sérieuses, et surtout de ne pas dévouer une des personnes qui
composent les réunions d'enfants à un rôle qui
peut être humiliant ou désagréable. Il arrive souvent que l'on se croit permis de choisir ainsi une
victime, soit parce qu'on lui suppose quelque infé-
riorité relative, soit parce qu'elle s'offense facilement des petites taquineries de ses compagnes.
Nous engageons celles-ci à ne pas persister. Elles
ne corrigeront pas et elles blesseront l'objet de
leurs plaisanteries. Qu'elles ne fassent pas dire,
ce qui malheureusement est assez vrai :

> Cet âge est sans pitié !

Mais qu'elles n'oublient jamais que la *charité* est
d'une bonne application partout ; leurs jeux mêmes
y gagneront en gaieté, parce qu'il est impossible
de s'amuser franchement, lorsque c'est aux dépens d'une personne que l'on fait souffrir.

JEU DE LA SAVATE.

Voici comme un livre *savant* explique le jeu de
la savate : « La compagnie s'assied à terre en rond,
excepté une personne qui reste debout au milieu,
et dont la tâche est d'attraper un soulier, que la

compagnie se passe de main en main, par-dessous
les genoux, à peu près comme une navelte de tisserand. Comme il est impossible à celui qui est
debout de voir en face tout le cercle, le beau du

jeu est de frapper la terre avec le talon du sou
lier du côté qui est hors de défense. »

Pour nous justifier d'avoir présenté ici un jeu
qui peut choquer les personnes délicates, nous rappellerons le souvenir d'une scène que nos jeunes
lectrices liront peut-être un jour dans le charmant

roman de Goldsmith, *le Vicaire de Wakefield;* ce passage met complétement le jeu en action. Plusieurs jeunes filles sont réunies le soir d'un jour de fête chez un fermier du voisinage. Après avoir joué à plusieurs jeux, elles proposent celui de la *savate.* En conséquence, elles forment un rond en s'asseyant par terre, et en rassemblant la jupe de leurs robes un peu serrée contre elles. Puis on prend une pantoufle que l'on fait circuler sous l'arc que forment les genoux. Une certaine jeune miss, Olivia Primrose, est debout au milieu du cercle, essoufflée, rouge, agitée et criant, dit l'auteur, comme un chanteur de ballades. Au moment où le jeu est le plus animé, entrent, ô confusion! deux belles dames de Londres, dont on redoute beaucoup l'opinion, et les joueuses s'arrêtent interdites et consternées d'avoir été surprises dans ce vulgaire exercice.

LA MAIN CHAUDE.

Une jeune fille désignée par le sort pose sa tête sur les genoux d'une personne assise. Elle place sa main ouverte sur son dos, à la hauteur de la ceinture, et chacune tour à tour lui donne un coup *léger* avec ses doigts. Il faut qu'elle devine qui a frappé, et c'est celle qui est devinée qui prend la place à son tour. On ne doit ni frapper trop fort, ni piquer la main, ni se permettre toute autre plai-

santerie de mauvais goût; là comme ailleurs les
jeunes filles bien élevées se feront toujours reconnaître. Elles éviteront aussi de crier quand elles
seront surprises : le bruit n'est pas de la gaieté.
Cette recommandation que nous venons de donner a été développée sous forme d'apologue. Nous
demandons la permission d'en citer quelques frag-

ments, dans lesquels notre jeu de la *main chaude*
est heureusement décrit.

Des singes dans un bois jouaient à la main chaude,
    Certaine guenon mauricaude
Assise gravement, tenait sur ses genoux
La tête de celui qui, courbant son échine,
    Sur sa main recevait les coups.
    On frappait fort, et puis devine !
Il ne devinait point; c'étaient alors des ris,
    Des sauts, des gambades, des cris.
Attiré par le bruit, du fond de sa tanière,

Un jeune léopard, prince assez débonnaire,
Se présente au milieu de nos singes joyeux.
Tout tremble à son aspect. « Continuez vos jeux,
Leur dit le léopard, je n'en veux à personne ;
    Rassurez-vous, j'ai l'âme bonne,
Et je viens même ici comme particulier,
    A vos plaisirs m'associer.
    Jouons ! Je suis de la partie.
    — Ah ! monseigneur ! quelle bonté ! »

. . . .
    Toute la troupe joviale
Se remet à jouer ; l'un d'entre eux tend la main,
    Le léopard frappe, et soudain
On voit couler du sang sous sa griffe royale.
Le singe cette fois devina qui frappait.

. . . .

COLIN-MAILLARD.

    Près d'un bois, le soir à l'écart,
    Dans une superbe prairie,
Des lapins s'amusaient sur l'herbette fleurie
    A jouer au colin-maillard.
Des lapins ! direz-vous ; la chose est impossible !
Rien n'est plus vrai pourtant : une feuille flexible
Sur les yeux de l'un d'eux en bandeau s'appliquait,
    Et puis sous le cou se nouait ;
    Un instant en faisait l'affaire.
Celui que le bandeau privait de la lumière
Se plaçait au milieu ; les autres alentour
    Riaient, sautaient, faisaient merveilles,
    S'éloignaient, venaient tour à tour
    Tirer sa queue ou ses oreilles.

Le pauvre aveugle alors, se retournant soudain,
Sans craindre pot au noir jette au hasard la patte
    Mais la troupe échappe à la hâte,
Il ne prend que du vent : il se tourmente en vain ;
    Il y sera jusqu'à demain.

. . . .

A cette gracieuse description que nous empruntons encore à Florian, ajoutons quelques détails qui manquent à son récit.

Au moment où l'on a bandé les yeux du *colin-maillard*, on le fait tourner deux ou trois fois sur lui-même, afin de le désorienter. L'exclamation *gare au pot au noir!* est un avertissement que l'on donne à l'aveugle quand il risque de se heurter contre quelque chose. On peut également crier *casse-cou!*

Voici l'origine de ce jeu. Jean-Colin (ou Nicolas) Maillard était un guerrier fameux du pays de Liége. Il avait pris le nom de Maillard, parce que dans les combats il s'armait habituellement d'un maillet dont il se servait en fort et vigoureux champion. Ses exploits lui méritèrent l'honneur d'être fait chevalier en 999 par Robert, roi de France. Dans la dernière bataille qu'il livra à un comte de Louvain, il eut les yeux crevés; mais, guidé par ses écuyers, il ne cessa pas de se battre tant que dura l'affaire qui était engagée. On assure que c'est à la suite de cet événement que nos aïeux, il y a plus de huit siècles, inventèrent le jeu de *colin-maillard*.

Colin-maillard assis à la baguette. Il y a deux manières de le jouer. Dans l'une, la jeune fille qui a les yeux bandés est assise au milieu de la chambre, et elle tient le bout d'un bâton que chacune des autres vient saisir par l'autre bout en faisant quelque bruit, soit un petit cri, soit un éclat de rire ou un miaulement, en déguisant sa voix pour n'être pas reconnue. Le *colin-maillard* nomme chaque fois une personne, et, s'il a deviné, il cède la place à celle qui s'est trahie. L'autre manière ne diffère qu'en ce que le *colin-maillard* seul est debout; les autres sont assis. Il tient également un bâton ou un mouchoir et en dirige le bout vers les joueurs assis en inventant de petits cris bizarres. Celui qu'il touche est obligé de saisir le bâton et de répéter les bruits comme nous l'avons expliqué plus haut. On joue un autre colin-maillard, où celui qui a les yeux bandés doit s'asseoir sur un des joueurs, et le nommer sans le toucher; mais, outre que ce jeu est assez peu convenable, il n'offre aussi que peu d'intérêt.

Colin-maillard à la silhouette. On ne peut y jouer qu'à la lumière. On place quelqu'un dans l'enfoncement d'une fenêtre. On tire le rideau devant lui, et on le tend comme si on voulait faire voir la lanterne magique. A une certaine distance du rideau, on met une table et toutes les lumières dessus. Chacun passe à son tour entre le rideau et la table, en faisant des gestes ou des grimaces qui le rendent méconnaissable. On s'affuble aussi de vêtements d'emprunt, de manière à changer toute son apparence, et il faut que la personne qui est derrière le rideau devine quelle est celle qui a passé[1].

LE SAC D'ÉTRENNES.

On remplit de bonbons un grand sac de papier

MINNE.

mince et on l'attache solidement par le haut en

1. On appelle *silhouette* ces figures que l'on découpe en papier, en copiant le profil de l'ombre d'une personne, et qui furent très à la mode sous le règne de Louis XV. Ce talent de découper s'est à peu près perdu; mais nos jeunes filles peuvent essayer de le retrouver, si elles ont un peu l'habitude du dessin. Ce procédé reçut son nom de M. Silhouette, contrôleur général, non parce qu'il en fut l'inventeur, mais parce qu'une sorte de célébrité s'était attachée à lui pour avoir créé un système financier qui eut d'abord des résultats avantageux pour le pays, et plus tard, des conséquences funestes.

travers d'une porte ouverte. Chacune des jeunes
filles tour à tour a les yeux bandés, et tient un
long bâton. On conduit l'aveugle en face du sac à
une petite distance, et elle doit le frapper avec
son bâton. Elle peut essayer jusqu'à trois fois. Si
elle ne réussit pas, elle cède la place à une autre.
Le jeu ne cesse que quand l'une d'elles parvient
à faire un trou dans le sac, et alors toutes les autres ont le droit de ramasser ce qui en tombe.
Quelquefois le sac est rempli de petits objets que
l'on donne à celles qui les ramassent. On peut
aussi, sans en avertir personne, substituer un sac
de farine à celui de bonbons ; mais ce sont des plaisanteries qu'il ne faut se permettre qu'avec mesure
et entre compagnes qui se connaissent assez pour
ne pas s'en fâcher.

LES CISEAUX.

Ce jeu, à peu près semblable au précédent, con-

siste à suspendre un gros anneau ou quelque chose

qui pèse au bout d'un long fil, et aller, les yeux bandés, couper le fil avec de grands ciseaux. Mais nous recommandons beaucoup de précautions pour ne pas se blesser avec les ciseaux que l'on tient les pointes en avant. Il sera toujours mieux de se servir de ciseaux arrondis par le bout.

LA MER AGITÉE.

On range des chaises de manière qu'il s'en

trouve une de moins que le nombre de joueurs

Chaque jeune fille prend le nom d'un poisson, et celle qui dirige le jeu marche autour du cercle en appelant tour à tour ses compagnes par le nom qu'elles ont choisi. Elles doivent se lever et la suivre. Lorsqu'il n'y en a plus d'assises, celle qui est en tête court en répétant plusieurs fois : « La mer agitée ! la mer agitée ! » Puis elle s'assied tout à coup, et toutes doivent s'asseoir au même moment. Celle qui est la moins prompte, ne trouvant pas de chaise, reste debout et conduit le jeu à son tour.

LA TOILETTE DE MADAME.

Les jeunes filles prennent chacune le nom d'un objet de toilette : l'une sera le peigne, l'autre le

savon, l'autre le miroir, l'autre la brosse. Celle qui conduit le jeu est au milieu du cercle, debout, tandis que les autres sont assises comme dans le jeu précédent. Elle dit: *Madame demande sa brosse à cheveux.* Celle qui porte ce nom doit aussitôt se lever. L'autre s'assied à sa place. Celle qui est debout dit : *Madame demande sa pelote.* Celle qui est pelote se lève en répondant immédiatement à l'appel de son nom ; et ainsi de suite. Si on se fait attendre, on donne un gage, puis on dit: *Madame demande toute sa toilette.* Tout le monde se lève et change de place. La dernière qui reste paye un gage, et appelle un des objets de la toilette, qui en appelle un autre, jusqu'à ce qu'on soit fatigué du jeu. Si, au lieu de la toilette, on veut en nommer d'autres, on est libre de le faire, et le jeu que l'on compose ainsi prendra un autre nom, quoiqu'il soit au fond le même. Ainsi, on peut prendre les noms de tous les objets qui composent la table à thé, par exemple, le sucrier, la tasse, le plateau, etc.

LE VOYAGEUR ET L'HÔTELLERIE.

Ce jeu n'est guère qu'une variété du jeu précédent, avec quelques légères différences dans la manière de le jouer. Une jeune fille représente le voyageur, et les autres représentent l'hôte ou l'hôtesse, la fille d'auberge, le garçon d'écurie, le cheval, la selle, la bride, l'avoine, les bottes, les pantoufles, le souper, la lumière, le feu, le

lit, etc. Tous ces noms se rapportent soit au ba-
gage d'un voyageur, soit aux choses dont il peut
avoir besoin dans une auberge.

Quand toutes les personnes nommées sont assises, le voyageur entre et dit : « L'hôte, puis-je
avoir ce soir un bon lit?» L'hôte et le lit se lèvent aussitôt. Ensuite le voyageur dit : « L'hôte,
je voudrais avoir une bouteille de vin et de la

lumière. » Enfin il a soin de demander tour à tour
les objets dont les noms ont été donnés aux jeunes filles qui doivent se lever sans se le faire dire
deux fois, sinon elles doivent un gage, et le voyageur en donne un aussi quand il demande
quelque chose qui ne se trouve pas représenté par
un des joueurs. Il faut que celle qui fait le rôle
du voyageur mette beaucoup d'entrain et de mouvement dans le jeu qu'elle dirige.

LES QUATRE COINS.

Il faut être au nombre de cinq pour ce jeu bien
connu. Chacune des jeunes filles prend une place
à l'angle d'un carré. Celle qui reste au milieu s'appelle le *nigaud*. Les quatre autres changent de
place, et le nigaud doit s'efforcer de prendre une
des places restées vides. S'il réussit, c'est la personne dont la place se trouve prise et occupée qui
devient *nigaud* à son tour.

LES VOISINS.

On s'assied en rond à une certaine distance les
unes des autres. Il y a une personne au milieu, qui

vient demander si l'on est content de ses voisins. A
la réponse affirmative de la personne interrogée,

tout le monde change de place comme dans la *Toilette de madame*, et la personne qui est au milieu tâche de se mettre à une place restée libre dans ce mouvement général. Si la réponse est négative, on désigne ceux qu'on désire avoir pour voisins, et les personnes désignées sont obligées d'aller prendre les places des voisins exclus. Dans cette permutation, qui se fait le plus rapidement possible, la personne du milieu tâche de s'asseoir quelque part.

LE TIERS OU LES PETITS PAQUETS.

On se place en rond, debout, par *paquets* de deux. Il y a deux joueurs en dehors, qui courent l'un

après l'autre, celui après qui l'on court se place en dedans du cercle, devant un des paquets ; là il ne peut plus être poursuivi. En prenant cette place, il dit : *Trois, c'est trop.* Alors, celui du paquet qui se trouve être le troisième, dit : *Deux, c'est assez,* et court se placer devant un autre paquet, sans se laisser prendre; s'il était pris, il serait obligé de courir après le premier, qui alors se placerait. Toutes les fois qu'il y a trois personnes à un paquet, la troisième est de bonne prise, si elle ne se place promptement. On peut faire durer ce jeu long-temps, en étant très-attentif au moment où le joueur est sur le point de perdre sa place.

Ce jeu est aussi désigné sous le nom de *Deux, c'est assez, trois, c'est trop,* et cette dénomination fait assez bien connaître en quoi il consiste principa-lement.

LE LOUP ET LA BERGERIE.

Toutes les petites filles, moins deux, se donnent

la main comme pour une ronde, et forment ainsi la *bergerie,* au milieu de laquelle elles placent l'*agneau,*

que tous leurs efforts doivent tendre à protéger. Le
loup est resté en dehors du cercle, et s'élance sur
les mains jointes qu'il essaye de séparer plus encore
par la surprise que par la violence. Lorsque le loup
est parvenu à forcer le cercle, la bergerie doit s'ouvrir rapidement du côté opposé pour laisser sortir
l'agneau et se refermer aussitôt, afin de retenir le
loup prisonnier, et de l'empêcher de poursuivre
l'agneau. Si le loup réussit encore à sortir, on fait
rentrer de même l'agneau, et ainsi de suite jusqu'à
ce que celui-ci soit pris et devienne loup à son tour.
Une autre joueuse ou l'ancien loup prend le rôle
de l'agneau.

LE LABYRINTHE OU LA DENTELLE.

Plusieurs jeunes filles forment le rond, en se te-

nant par la main et en élevant leurs bras. Deux
autres qui s'appellent, l'une la *navette* et l'autre le

tisserand, courent en se poursuivant. La première passe sous les bras de celles qui forment la chaîne, pénètre dans le rond et en sort de la même manière. Le tisserand qui poursuit doit suivre le même chemin ; mais, s'il arrive qu'il se trompe, les bras se baissent, il est retenu dans le cercle, dont il est condamné à faire partie, tandis qu'une autre prend sa place.

LES BARRES.

Ce jeu est plus particulièrement un jeu de garçons ; mais si des jeunes filles sont rassemblées en

grand nombre à la campagne, elles peuvent s'en amuser sans inconvénients, et nous leur en devons l'explication. On se sépare en deux groupes, pour former deux camps, à une cinquantaine de pas de distance. On tire deux lignes de démarcation pour fixer les limites de chaque camp, et deux autres plus en avant marquent le lieu de la *sauvegarde*, pour celles qui viennent y demander *barres*. Une des jeunes filles se détache, va au camp opposé demander barres sur quelqu'une de ses adversaires. Celle sur qui on a demandé barres court sur la première, et tâche de la toucher pour la faire prisonnière. Si deux jeunes filles sortent du camp pour courir sur celle qui a demandé barres, celle-ci a le droit de se retourner, et, si elle en touche une, de la faire prisonnière. Quand l'engagement commence, celle sur laquelle on court doit être défendue par une jeune fille de son camp. Une seconde sort alors du camp ennemi pour soutenir la première combattante, de sorte qu'une partie des deux camps peut être sortie, courant l'une sur l'autre, jusqu'à ce qu'il y ait une prisonnière de faite. Alors, on crie : *prise*, et tout le monde s'arrête. On met les prisonnières à la tête du camp, se tenant par la main. Il faut, pour les délivrer, que ce soit une de leurs alliées qui vienne les toucher. Tout le camp a le droit de courir sur celle qui vient délivrer les prisonnières. Si elle est prise, elle passe dans le camp ennemi sans pouvoir être délivrée, et la partie se termine quand il ne reste plus personne dans l'un des deux camps. On peut aussi faire des échanges de prisonnières.

LE CONCERT.

Chacune des jeunes filles est censée avoir **un instrument** dont elle joue. L'une fait le geste de jouer

du violon sur son bras ; une autre agite ses doigts
comme si elle avait une flûte ; une autre joue du
piano sur ses genoux ; une autre de la harpe ou de
la guitare. Tous ces gestes doivent être faits en silence, mais avec précision et sans s'arrêter. Celle

qui est le *chef d'orchestre* doit tour à tour imiter l'instrument d'une des musiciennes, en chantant la chanson suivante sur un air qu'elle compose , si elle ne sait pas le véritable :

> Quand Madelon va seulette
> Elle ne m'aime plus,
> Turlututu (*bis*) ;
> La petite follette
> Se rit de ma chansonnette,
> Tous mes soins sont superflus,
> Turlututu (*bis*).

Au moment où le chef d'orchestre imite un instrument, celle qui en jouait doit s'arrêter immédiatement. Si elle n'est pas attentive aux gestes de son chef d'orchestre, qui mène le concert très-vivement et qu'elle soit si occupée de sa partie qu'elle ne pense pas à cesser tout à coup, elle paye un gage. Ce jeu doit être conduit avec beaucoup d'entrain.

Il est encore une manière de le jouer, mais que nous trouvons moins animée que celle que nous venons d'indiquer. Les musiciens restent en repos jusqu'au moment où le chef d'orchestre imite l'instrument de l'un d'eux, qui doit à l'instant même en jouer, et s'arrêter aussitôt qu'un autre commence, au signal du chef d'orchestre.

L'explication que nous venons de donner de ce jeu, où un chef d'orchestre improvisé dirige un

ensemble d'instruments chimériques, nous fait penser à un divertissement musical que nous a transmis un grand génie. De tels exemples rehaussent
notre modeste ouvrage, en prouvant, comme nous
l'avons déjà dit, que souvent les grands hommes
ont daigné se faire enfants sans croire déroger.
Haydn, le musicien illustre, était en Hongrie, chez
les princes Esterhazy, et déjà il avait composé
plusieurs petits *opéras*, chantés sur un théâtre de
marionnettes, que l'on avait dressé dans le château
pour l'amusement des jeunes princes. Un jour, dit
l'auteur[1] à qui nous empruntons ces détails, il se
rendit seul à la foire d'un village des environs.
Là, il fit provision et rapporta un plein panier de
mirlitons, de sifflets, de coucous, de tambourins,
de petites trompettes, bref tout un assortiment de
ces instruments plus bruyants qu'harmonieux qui
font le bonheur de l'enfance. Il prit la peine d'étudier leur timbre et leur portée, et composa, avec
ces périlleux éléments harmoniques, une symphonie de l'originalité la plus bouffonne et la plus
savante. Cette symphonie est intitulée : *Fiera dei
Fanciulli*, la fête des enfants. O enfants! n'est-ce
pas un grand honneur pour vous?

1. M. Ch. Magnin.

LE PIED DE BŒUF.

Après les jeux plus ou moins ingénieux que nous venons de mentionner, nous hésitons à parler de quelques simples enfantillages, qui ne savent dans quelle catégorie se placer. Cependant, il faut bien au moins en donner l'indication. On sait que, pour le pied de bœuf, deux personnes placent leurs mains à poings fermés l'une sur l'autre, et qu'en

comptant depuis un jusqu'à neuf, la main la plus agile saisit la plus lente, en disant : « Je tiens mon pied de bœuf. »

LA SCIE.

On a une ficelle dont les deux extrémités sont nouées. Une personne la tend en *ovale* sur ses deux mains ouvertes, en lui faisant faire un tour à cha-

cun des doigts du milieu. La main gauche saisit
l'anneau fait au doigt de la main droite, qui reprend
également celui qui est fait à la main gauche, de
manière que le fil représente entre les mains la
figure ci-dessous, puis elle saisit entre les dents le
côté du fil qui est près d'elle. Une autre personne

saisit l'autre côté, et par un jeu habile des deux
mains, on produit un mouvement analogue à celui
d'une scie. Nous craignons que notre description
ne soit pas assez claire; mais le jeu est tellement
connu, qu'il suffit de le rappeler.

LES FROMAGES.

En tournant rapidement sur elles-mêmes, et s'a-
baissant tout à coup, les petites filles font bouffer

leurs robes ; elles appellent cela *faire des fromages.*
C'est à qui fera le plus beau, c'est-à-dire le plus
volumineux.

CLOCHE-PIED.

C'est un jeu où celle qui peut aller le plus loin

sur un seul pied, et franchir le plus grand espace,

gagne le prix. On peut encore se poursuivre et s'attraper de cette manière.

LE COTON EN L'AIR.

Les enfants se mettent en cercle, se tenant par la main, et après avoir jeté en l'air soit un petit

flocon de coton, soit une plume bien légère, elles soufflent de manière que l'objet se soutienne toujours sans retomber. Si le souffle est trop fort, le coton s'éloigne et il est quelquefois difficile de le diriger ; si le souffle est trop faible, le coton est inerte et le jeu finit bientôt ; mais tout l'intérêt consiste à le diriger, s'il est possible, vers une des personnes, qui paye un gage si le coton retombe sur elle. Il faut que toutes ces évolutions se fassent sans se quitter les mains. On peut encore jouer assis autour d'une table et souffler le coton sans bouger.

LE SINGE.

Pour jouer au singe, il suffit que la personne qui

dirige le jeu fasse une multitude de gestes, qu'elle

rendra aussi plaisants que possible, en copiant ceux de l'animal dont elle porte le nom. Les autres, placées devant elles, imiteront avec vivacité les gestes qu'elles lui verront faire. Ce jeu a quelques rapports avec celui que nous allons décrire, mais il est plus simple encore.

L'EXERCICE A LA PRUSSIENNE

Toutes les jeunes filles se mettent à genoux sur une seule ligne, à l'exception de celle qui repré-

sente le capitaine, et qui doit être bien au fait du jeu. La première en tête de la ligne fait les fonctions de caporal, et elle doit être prompte à exécuter les ordres du capitaine. Celui-ci commande l'exercice à sa manière; par exemple, il ordonne de se moucher, de tousser, de se tirer les cheveux, de se pincer le nez ; et il faut que ces ordres soient immédiatement exécutés, le caporal étant la *première* à obéir au commandement avec une rigueur militaire.

Enfin, le capitaine crie : « En joue ! » Chaque soldat tend les bras en avant. Quand il dit : « Feu ! » le caporal pousse sa proche voisine, qui tombe sur la suivante, et ainsi jusqu'au bout de la ligne. Ce jeu peut être très-amusant, mais il faut avoir la précaution de ne le jouer que sur des tapis ou sur le gazon, et de placer à l'extrémité opposée au caporal un coussin pour amortir la chute de la dernière jeune fille, la seule qui soit exposée à se faire mal. Ce jeu paraît convenir plutôt à des garçons qu'à des jeunes filles ; mais les jeunes Anglaises se le permettent, et nous n'avons pas cru devoir l'exclure.

L'ASSIETTE TOURNANTE.

Ce jeu, qui demande une certaine adresse, a quelques rapports éloignés avec le *Petit bonhomme vit encore.* Au lieu d'une baguette allumée, les jeunes filles ont une assiette qu'elles font tourner par terre sur le tranchant. Chacune est désignée par un numéro. Si le n° 1 commence, elle doit appeler un autre numéro à son choix, et celle qu'elle désigne ainsi doit arriver assez promptement pour

donner une impulsion à l'assiette pendant qu'elle
tourne encore, et se faire remplacer de la même
manière. Si le numéro appelé ne se présente pas
assez vite, et que l'assiette ait eu le temps de retomber, il faut donner un gage.

DEUXIÈME PARTIE.

JEUX AVEC JOUETS.

LES BAGUES.

C'est pour remplir notre devoir de nomencla-
teur, que nous insérons ici le jeu de bagues, qui
ne peut être facilement joué qu'avec un attirail
considérable, comme celui qui se dresse dans les
grandes fêtes de village. Si l'on n'a pas vu un jeu
de bagues ainsi disposé, on ne pourra en avoir
qu'une idée imparfaite. Celui que l'on fabriquera
soi-même sera composé de quelques anneaux sus-
pendus à des fils très-minces, qui seront attachés
le long d'un bâton court. En fixant ce bâton à un
arbre ou à un poteau, de manière qu'il s'avance,
le jeu consistera à enfiler ces bagues, en courant,
dans une baguette que l'on tiendra à la main

Le jeu de bagues fut en grand honneur dans les
siècles derniers, principalement sous le règne de
Louis XIV. Le grand roi, suivi de tous les seigneurs de sa cour, revêtus de costumes de carac-

tère, *courait la bague*, ainsi que l'on disait, à cheval et avec un appareil magnifique. On appelait
ces divertissements *carrousels*, et l'une de ces fêtes
s'étant donnée près du palais des Tuileries avec

un éclat extraordinaire, le lieu en prit le nom de
place du Carrousel. Quelques régiments de cava-
lerie pratiquent encore cet exercice dans les jours
de fête, et il est difficile de rien voir de plus gracieux que les évolutions qui se font à cheval pour
saisir les bagues.

LA BALANÇOIRE OU ESCARPOLETTE.

Ce jeu n est praticable que dans un jardin ou dans une grande salle destinée à la gymnastique. Les extrémités d'une grosse corde sont attachées a deux arbres. Au milieu est fixée une petite planche sur laquelle s'assied la personne qui veut se balancer. On peut, à la place de la planche, mettre un petit fauteuil sur lequel on sera plus solidement assis, parce qu'un des dangers de ce jeu est de tomber, si on ne se tient pas bien, ou si on est pris d'étourdissement, ce qui arrive fréquemment. La balançoire est mise en mouvement à l'aide d'une petite corde que tient une autre personne, ou bien on se balance soi-même, si l'appareil est placé assez bas pour que les pieds puissent toucher le sol.

LA BALLE.

On sait que, pour jouer à la balle, il suffit de la lancer à terre ou contre un mur pour qu'elle rebondisse, et on la reçoit dans la main. Nous pouvons indiquer aux jeunes filles un moyen de faire des balles assez jolies, qu'elles pourront donner en cadeau. On en forme le centre avec un corps dur ou élastique comme une boule de caoutchouc. Pour éviter la rudesse du coup, on enveloppe ce noyau avec de la mousse sèche si on est à la cam-

Balançoire.

pagne, ou du coton ; mais la mousse est préférable. On coupe de petits morceaux de toile s'élar-
gissant au milieu et se rétrécissant aux extrémités,
comme les degrés de *latitude* d'un globe terrestre.
Ces morceaux doivent être au nombre de six ou
sept, plus ou moins grands. Les morceaux étant
réunis autour de la boule, on tend sur chacune
des coutures un fort brin de laine à tapisserie, se
réunissant aux *pôles*. Puis on passe en travers une

aiguillée de laine enfilée ; chaque tour, serré contre le précédent, s'assujettit par un point fait avec
l'aiguille aux brins de laine tendus dans l'autre
sens Quand la balle est entièrement couverte de
cette manière, pour la rendre plus solide et plus
jolie, on fait une sorte de filet avec une aiguillée
de laine d'une autre couleur qui enveloppe le tout.
Ce filet se fait comme un feston très-lâche, que
l'aiguille reprend dans chaque maille.

LE BALLON.

Le ballon, plus gros que la balle, se lance entre plusieurs personnes qui le reçoivent avec le pied ou avec la main Il est creux, gonflé d'air, et ordinairement recouvert en peau de daim.

Dans l'*Odyssée*, poëme d'Homère, composé il y a

environ trois mille ans, la jeune princesse Nausicaa, après avoir rempli des devoirs de bonne ménagère que ne dédaignaient pas dans ce temps les filles des rois, c'est-à-dire après avoir été laver ses vêtements avec ses compagnes, se divertit à jouer au ballon quand sa tâche est finie.

Une très-jolie invention moderne est celle de ces légers ballons en caoutchouc peints, dorés, ou recouverts d'un mince réseau et qu'un souffle suffit pour soutenir en l'air. Ils ne sont pas beau-

coup plus durables que les bulles de savon que
nous allons maintenant décrire.

LES BULLES DE SAVON.

On trempe dans une eau de savon épaisse l'extrémité d'un brin de paille fendu en croix, et, en
soufflant avec ménagement, la goutte d'eau qu'on
a recueillie se gonfle et produit un globe qui se
teint souvent des couleurs les plus admirables.
Quand la bulle est parvenue à une certaine gros-
seur, on la détache du tuyau de paille, et on la
soutient en l'air à l'aide du souffle.

> Mais, comme elle a l'éclat du verre,
> Elle en a la fragilité.

Ces bulles légères et brillantes ont souvent inspiré les poëtes, qui en ont tiré des comparaisons
sur le peu de durée des choses humaines et sur le
néant des vains projets. La science s'en est aussi
servie, puisque c'est, dit-on, en essayant les effets
de la réfraction de la lumière à travers cette enveloppe transparente, que le grand Newton a découvert les propriétés du prisme et est parvenu à
décomposer les rayons du soleil. Cette admirable
découverte est ainsi rappelée dans des vers de
Voltaire :

> Il découvre à nos yeux par une main savante,
> De l'astre du matin la robe étincelante;

L'émeraude, l'azur, la pourpre et le rubis
Sont l'immortel tissu dont brillent ses habits.
Chacun de ses rayons, dans sa substance pure,
Porte en soi les couleurs dont se peint la nature,
Et confondus ensemble ils éclairent nos yeux.

LE BILBOQUET.

C'est un jouet de bois ou d'ivoire, formé d'un petit bâton tourné, dont un bout est pointu et

l'autre terminé par une espèce de petite coupe, et auquel est suspendu par un fort cordon une boule percée d'un trou. On met cette boule en mouvement de manière qu'elle retombe et reste dans la coupe ou qu'elle entre et se fixe dans le bout pointu. Il est bon, avant de lui donner l'impulsion qui la lance en l'air, de tordre le fil de manière à lui imprimer un mouvement très-vif

Les Bulles de savon.

de rotation. La boule en tournant, et par l'effet de la loi physique de la pesanteur, se dérangera moins de la direction perpendiculaire.

Ce jeu est d'une origine ancienne, et il a été fort en faveur à plusieurs époques. Il était autrefois formé d'une bille en fer qui n'était pas attachée à la tige que l'on nommait boquet. François Ier, y jouant avec Montgommery, fut atteint à la tête par cette bille; ce fut alors qu'on substitua une bille de bois à la bille de fer, pour rendre le jeu moins dangereux. Henri III et les seigneurs de sa cour jouaient au bilboquet avec passion. Ce jeu eut encore une grande vogue sous le règne de Louis XV, et Jean-Jacques Rousseau veut que les hommes y jouent en société, plutôt que de rester inoccupés.

LE CERCEAU.

Le cerceau est un cercle de bois léger que l'on guide avec une baguette, et dont on ralentit ou dont on accélère la marche à volonté, en s'appliquant à ne pas le laisser tomber. C'est un exercice très-salutaire, qui donne de la souplesse aux jambes et aux bras, et développe la poitrine; il a, en outre, le privilége d'amuser les enfants même lorsqu'ils jouent seuls. Ils prennent grand plaisir à pousser le cerceau tantôt à droite, tantôt à gauche, en avant, en arrière, en cercle, en zigzag, puis à l'arrêter brusquement, et l'habitude leur donne bientôt une grande adresse. Ils peuvent aussi organiser des parties, et lutter entre eux à qui conduira le cerceau le plus vite et le plus habilement à un but déterminé.

LA CORDE.

On saute avec une corde que l'on tient soi-même aux deux extrémités par une petite poignée, ou

bien on la fait tenir par deux personnes. Les jeunes filles ont inventé une quantité de *passes* différentes auxquelles elles donnent des noms assez arbitraires. Les passes les plus usitées sont de faire tourner la corde très-vite, deux ou trois fois, sans retomber sur les pieds. Elles ont appelé cela des *doubles* et des *triples tours*. Ou bien elles croisent les bras sur la poitrine et passent dans la large boucle que fait la corde : ceci est une *croix de Malte* ou *de chevalier*. On peut encore sauter à reculons. Pour jouer à la *corde en long* ou *grande corde*, deux personnes font tourner la corde, tandis qu'une troisième saute au milieu. Il faut être

très-sûr d'une bonne entrée, afin que la corde ne s'embarrasse pas dans les pieds au premier tour. On doit saisir, pour s'élancer, le moment où la corde vient de toucher la terre et commence à s'élever en l'air.

LES DAMES

Nous ne pouvons mieux faire que d'extraire d'un

bon ouvrage spécial [1] les règles du jeu de dames, dont on trouvera ici presque toutes les combinaisons.

Il y a deux sortes de jeux de dames : le jeu de dames à la française et le jeu de dames à la polonaise. Le premier n'est plus en usage : il se joue sur un damier qui a soixante-quatre cases, et l'on n'y emploie que vingt-quatre pions, douze noirs et douze blancs ; les dames ne font qu'un pas à la fois, mais elles peuvent prendre en avant et en

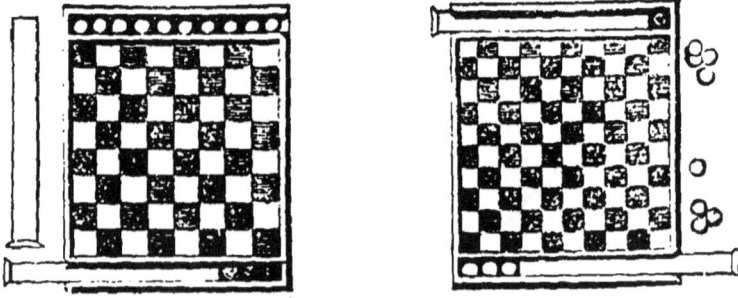

arrière. Ce que nous allons dire du jeu de dames à la polonaise est, du reste, applicable au jeu de dames à la française.

Le jeu de dames à la polonaise se joue à deux sur un damier composé de cent cases, cinquante noires et cinquante blanches. Chaque joueur a vingt pions de couleur différente ; l'un a vingt pions blancs et l'autre vingt pions noirs.

Le damier se place entre les deux joueurs, de

1. *Almanach des Jeux.*

manière que chaque joueur ait le commencement
de la grande ligne à sa gauche. La grande ligne est
la ligne du milieu, qui coupe diagonalement le
damier en deux parties. Elle est composée de dix
cases blanches.

Les pions noirs se placent d'un côté et les pions
blancs de l'autre. Toutes les lignes se trouvent
remplies, moins les deux lignes du milieu, formant dix cases, puisqu'il n'y a que quarante pions,
et qu'il y a cinquante cases.

On pousse toujours son pion en avant, jamais
en arrière, dans la case droite ou dans la case
gauche, et on ne peut lui faire faire qu'un seul pas.

En commençant le jeu, on tire au sort pour savoir qui jouera le premier ; mais pour les parties
suivantes, on joue premier et dernier, alternativement.

Le joueur prend le pion de son adversaire toutes
les fois que, ce pion étant contigu au sien, il se
trouve après, et sur la même ligne, à droite ou à
gauche, une case vide, et que c'est à son tour de
jouer. Alors on saute par-dessus, on place son
pion sur la case vide, et l'on enlève le pion de son
adversaire.

On peut prendre en avant et en arrière, et tant
que l'on trouve de pions contigus au sien et de
cases vides après. Ce que nous venons de dire du
pion, lorsqu'il a à prendre, est applicable à la

dame damée, qui a, en outre, d'autres prérogatives dont nous parlerons.

On appelle *dame damée*, ou simplement *dame*, le pion qui est parvenu à se fixer sur la première ligne horizontale du jeu de l'adversaire ; je dis *se fixer*, parce qu'il serait possible qu'un pion, ayant à prendre plusieurs fois, se fût posé sur une des cases de cette ligne en prenant, et eût été forcé d'aller se fixer sur une case d'une autre ligne, parce qu'il aurait eu à prendre encore un ou plusieurs des autres pions. Pour distinguer la dame du pion, on couvre le pion d'un autre pion de même couleur.

Une dame a de grandes prérogatives, et contribue beaucoup au gain de la partie. Elle ne marche pas, comme le pion, d'une case à une autre case, et en avant seulement. Elle parcourt en avant et en arrière, à droite et à gauche, une ou plusieurs cases à sa volonté, pourvu qu'elles soient vides, et enlève tous les pions ou dames qui se trouvent sur les lignes qu'elle parcourt, lorsque ces pions et ces dames se trouvent entre elle et une ou plusieurs cases vides.

Un joueur qui prend plusieurs pions ou dames ne peut pas les enlever au fur et à mesure qu'il saute par-dessus, mais seulement quand le coup est terminé, et que, n'ayant plus à prendre, il a placé son pion ou sa dame sur une case vide.

Le pion ou la dame qui prend peut passer plusieurs fois sur la même case vide, mais pas deux fois sur le même pion ou sur la même dame.

Dame touchée, dame jouée. On entend par cet axiome qu'il faut jouer la pièce qu'on a touchée. Tant qu'on tient le pion ou la dame, les eût-on posés sur une case vide, si on ne les a pas lâchés, on peut les poser ailleurs; mais dès qu'on les a lâchés, ils sont joués irrévocablement.

Celui dont c'est le tour de jouer, doit, lorsqu'il touche un ou plusieurs pions pour les arranger, dire : *J'adoube;* autrement l'adversaire pourrait lui faire jouer un des pions qu'il aurait touchés.

Toute faute est faute, de quelque nature qu'elle soit. Si donc un joueur fait une fausse marche, c'est-à-dire place son pion ou sa dame sur une case autre que celle sur laquelle ils devaient être placés, l'adversaire fait redresser l'erreur, ou la laisse subsister s'il juge qu'elle lui soit avantageuse. De même, si un joueur lève son propre pion ou sa dame, il ne peut les replacer. Si on n'enlève point tous les pions ou dames qu'on avait à prendre, quand même on aurait figuré qu'on aurait à les prendre, on est tenu de les laisser sur le damier. Il n'y a pas de faute à jouer un pion qui n'est pas jouable; il n'y a pas non plus de faute à jouer un pion ou une dame de son adversaire.

Souffler, c'est enlever le pion ou la dame qui n'a pas pris tout ce qu'il avait à prendre ; après avoir soufflé, on doit jouer son coup comme à l'ordinaire. C'est ce qui est établi par cet axiome : *Souffler n'est pas jouer*.

Le joueur qui a le droit de souffler, est libre de le faire ou de ne pas le faire. Il peut donc, à son gré, ou enlever le pion qui n'a pas pris tout ce qu'il devait prendre et jouer, ou ne pas l'enlever et jouer, ou enfin forcer le joueur à prendre avec son pion tout ce qu'il avait à prendre. Mais si la pièce soufflable a été touchée par le joueur qui a le droit de souffler, ce joueur est obligé de jouer, par la raison que *dame touchée est dame jouée*, et qu'en touchant le pion soufflable, il a touché un pion qui lui appartient par la loi du jeu.

Si le joueur qui avait à souffler a touché un de ses pions avant d'avoir soufflé, il ne peut plus revenir sur le coup. Néanmoins, si le joueur soufflable jouait plusieurs coups sans s'apercevoir qu'il a à prendre, l'autre joueur peut toujours le souffler au coup suivant, quoiqu'il ait oublié de le faire la première fois.

Celui qui a à prendre de plusieurs côtés doit prendre du côté le plus fort, sinon il est soufflable. On appelle le côté le plus fort le côté où il y a le plus à prendre. Une dame ne compte, en cas de prise, que pour un pion.

Lorsque deux joueurs égaux en force restent, l'un avec une dame damée, et l'autre avec une dame damée et deux pions, deux dames et un pion, et même trois dames, la partie ne se joue plus, et l'on en recommence une autre, à moins que le joueur qui a la supériorité n'ait gagné forcément sur le coup.

Qui quitte la partie la perd. On perd la partie quand on la quitte, quand on refuse de prendre, quand on n'a ni pions ni dames, ou quand on ne peut plus jouer celles qui restent.

L'usage du jeu de dames enseignera maintenant les marches et contre-marches. Nous n'avons pu donner que les règles qui doivent y être observées.

Il existe encore deux jeux plus enfantins qui ont quelques ressemblances avec le jeu de dames. On les trouvera dans leur ordre à l'article *Marelle*, et à celui intitulé : *Le renard et les poules.*

LES DÉS.

Le *Dictionnaire de l'Académie* définit ainsi le dé à jouer : « Petit morceau d'os ou d'ivoire, de figure cubique ou à six faces, dont chacune est marquée d'un différent nombre de points, depuis 1 jusqu'à 6, et qui sert à jouer. » L'origine des dés se perd dans la nuit des temps, et nous ne pouvons savoir à qui en rapporter l'invention. Il en est fait mention dans tous les écrivains de l'antiquité. On les retrouve parmi les jouets dont les Grecs et les Romains faisaient le plus d'usage.

Le *dé* personnifie, en quelque sorte, le *jeu*, c'est-à-dire la passion de demander au hasard des chances heureuses ou funestes. Comme son usage le plus simple amène un résultat rapide, on comprend que le besoin d'émotions l'ait fait inventer avant les jeux qui exigent de plus longues combinaisons. Il suffit d'amener tel ou tel coup de dé pour déterminer une chance. Les Grecs, pour éviter toute supercherie, faisaient passer les dés de la main du joueur dans un long tube où ils glissaient d'eux-mêmes. On y a substitué le *cornet*, que l'on tient dans la main, et dans lequel on agite les dés avant de les lancer sur la table. Les dés forment donc eux-mêmes un jeu qui présente assez d'intérêt pour avoir été en usage chez les peuples modernes; de plus, ils servent d'instruments pour déterminer les coups dans d'autres jeux dont nous ne donnerons ici que les noms, comme le trictrac, le passe dix, pair ou impair, quinquenore, etc. Les joueurs qui ont fait de profondes études sur les chances des dés ont calculé qu'il y avait des probabilités pour ramener plus souvent tel point que tel autre. Cela augmente encore les dangers d'un jeu où une observation attentive peut, jusqu'à un certain point, prévoir les coups de hasard :

aussi les moralistes se sont-ils souvent élevés
contre ces habitudes funestes, et les législateurs
ont-ils tenté de les détruire par des ordonnances
sévères. En 1319, Charles le Bel défend de jouer
aux dés et à d'autres jeux qui détournent des exercices militaires. Charles VIII défend aussi ce jeu
dans les prisons. Charles IX publie un édit dans
le même sens.

Nous croyons avoir suffisamment prémuni nos
jeunes lectrices contre l'entraînement de ce jeu ou
de tel autre jeu de hasard. Nous ne pouvons maintenant nous refuser à leur faire connaître une de
ces combinaisons des coups de dés qui nous paraît
des plus innocentes. Ce jeu s'appelle l'*Espérance*, et
voici en quoi il consiste :

On peut jouer entre plusieurs personnes, avec
deux dés. On distribue à chaque joueur un certain
nombre de jetons qui ont une valeur convenue. On
fait ensuite indiquer par le sort le joueur qui doit
avoir le dé. Si celui-ci amène un *as* avec un autre
point, il donne un jeton au joueur qu'il a à sa
gauche ; s'il amène un six, il met un jeton à la
poule : la *poule*, c'est la masse des jetons réunis.
Si les deux dés jetés présentent un as ou un six,
et qu'il reste au joueur plus d'un jeton, il en
donne un au joueur qui est à sa gauche, et il en
met un autre à la poule. S'il n'a plus qu'un jeton,
il le met à la poule.

Le joueur qui n'amène ni un as ni un six n'a rien
à payer; il quitte seulement le dé, et passe le cornet au joueur qui est à sa droite : celui-ci en fait
autant dans la même circonstance; mais quand un
joueur amène un *doublet*, c'est-à-dire le même
nombre de points sur les deux faces des dés, il
conserve le cornet pour jouer un second coup; et
s'il amène encore un doublet, il joue un troisième
coup, dans la vue d'amener un troisième doublet :
s'il vient à réussir, il gagne la partie ou la poule.

Un joueur gagne aussi la poule, lorsqu'il a encore un ou plusieurs jetons quand il n'en reste
plus aux autres joueurs.

Bien qu'un joueur qui a perdu tous ses jetons
ne puisse plus avoir le cornet à son tour, il est
néanmoins possible qu'il ressuscite, c'est-à-dire
qu'il rentre au jeu. Cela a lieu quand le joueur
qu'il a à sa droite amène un as, parce qu'alors ce
dernier est obligé de lui payer un jeton.

LE DIABLE.

Le diable a joui d'une grande vogue pendant
quelques années, mais aujourd'hui il est tristement
relégué au fond de la boutique des marchands,
et il est bien rare qu'on voie ce jouet entre les
mains des jeunes filles ou des jeunes garçons.
Nous dirons cependant en quoi consiste cet exer-

cice, qui demande un assez grand espace, et qui
est plus facilement praticable dans un lieu découvert que dans un appartement.

Le diable est formé de deux boules de bois
creuses, percées d'un trou pour laisser entrer
l'air et réunies par une tige. Le joueur prend deux
baguettes longues environ d'un pied, à l'extrémité
desquelles est attachée une corde d'environ deux
pieds de longueur qui tient à ces deux baguettes.

Il les écarte un peu, place le milieu du diable,
c'est-à-dire la partie la plus creuse, en équilibre
sur le milieu de la corde, puis il lève alternativement les mains pour lui imprimer le mouvement.
La main droite s'élève un peu plus que l'autre, et
donne de temps en temps une petite impulsion.

En augmentant le mouvement, l'air qui pénètre
par le trou des boules creuses produit un bruit
assez harmonieux. Lorsque le diable va de biais

sur le cordon, il faut se prêter à son mouvement et le suivre en marchant de manière qu'il se trouve toujours droit vis-à-vis du joueur. On le fait quelquefois glisser sur les baguettes et revenir sur la corde tendue, sans qu'il ait cessé son mouvement de rotation.

LES DOMINOS.

Nous empruntons à l'ouvrage qui nous a déjà servi[1] l'explication des règles principales du jeu de dominos.

Ce jeu tire son nom des objets dont on se sert pour le jouer. Ces objets sont des *dominos*, sorte de

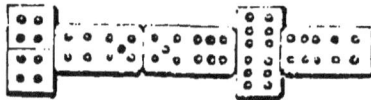

dés allongés et aplatis, en os ou en ivoire, sur l'une des faces desquels sont gravés des points noirs indiquant des nombres déterminés. Ces dominos sont au nombre de *vingt-huit*.

Le jeu de dominos se joue habituellement entre deux personnes, et c'est là la partie ordinaire ou la plus commune; on peut, par suite de conventions spéciales arrêtées à l'avance, le jouer à trois,

1. *Almanach des Jeux.*

quatre, cinq et même six personnes; mais ce sont là des exceptions qui ne changent rien au fond du jeu et qui peuvent toujours être ramenées à la règle générale. Nous donnons donc ici seulement la marche et les règles du jeu, tel qu'il se joue généralement aujourd'hui.

La partie ordinaire se joue, soit à qui fera *domino* le premier, soit à qui fera le *point*, soit à qui

fera le plus tôt *cent* ou *cent cinquante* points, ou davantage, selon les conventions.

Faire domino, c'est arriver le premier à placer tous les dominos qu'on a dans son jeu ; *faire le point*, c'est, chaque coup terminé, avoir en main le moindre nombre de points marqués sur les *dominos*.

Cette partie se joue avec six dominos au moins pour chaque joueur.

On peut jouer avec sept, huit, neuf, dix, douze

ou même quatorze dés chacun, si cela convient
aux joueurs.

On tire d'abord à qui aura la pose. Cela se fait
en mêlant le jeu, dont on extrait deux dominos.
Celui qui n'a pas mêlé en prend un qu'il découvre : l'autre en fait autant. Le joueur qui a découvert le plus gros domino a la pose.

Chacun prend le nombre de dominos qui, avant
de commencer la partie, a été convenu. Si les
joueurs ne prennent pas tous les dominos, ceux
qu'ils laissent en réserve peuvent leur servir,
d'après de certaines conventions que nous indi-
querons plus loin.

Celui qui doit jouer le second a le droit de
prendre ses dominos le premier.

Celui qui a la pose le premier pose un dé à son
choix. Son but doit être de gagner le plus de
points possible, soit en fermant le jeu, soit en faisant domino.

La règle, sauf quelques rares exceptions, veut
qu'il commence par poser le plus gros des doubles qu'il a dans son jeu.

Supposons qu'il ait le double-six; son adversaire pose le six-cinq, sur lequel lui pose le cinq-
quatre; son adversaire pose le double-quatre : si
le poseur a le six-quatre, il peut à son gré faire
six partout ou quatre partout, en posant son six-
quatre à l'un ou à l'autre bout. Les dominos se

posent à la suite l'un de l'autre, les doubles en travers, en formant des lignes dans tous les sens.

Si l'on n'a plus dans l'un et dans l'autre jeu les derniers points placés aux deux extrémités de la ligne, alors le jeu se trouve fermé, et l'avantage reste à celui qui a moins de points dans son jeu que son adversaire.

Quelquefois, mais rarement, le jeu est fermé du premier coup.

Pour ne pas fermer le jeu, on peut convenir de prendre les dominos mis de côté, dans ce qu'on appelle la *réserve* ou le *talon*, lorsqu'on ne possède pas le point qu'il faudrait placer. Au lieu de dire : *Je boude* [1], comme dans la partie précédente, et de voir son adversaire continuer le jeu, le joueur dit : *Je pêche*, et prend un à un les dominos de la réserve, jusqu'à ce qu'il en ait trouvé un qu'il puisse placer.

On compte les points de chaque jeu, et celui qui a le moins de points gagne la partie.

Si la partie est en cent, cent cinquante ou plus, le gagnant marque tous les points qui restent à son adversaire, sans aucune réduction, et le jeu continue.

On gagne encore le coup ainsi qu'on l'a vu, en

---

1. *Bouder* veut dire n'avoir pas dans son jeu le point qu'il faudrait poser; ce qui fait que l'adversaire continue jusqu'à ce que l'on puisse placer un domino.

faisant domino, c'est-à-dire en posant tous les dés avant que l'adversaire ait placé les siens.

On peut juger, d'après cela, combien est grand l'avantage d'avoir la pose. En effet, si aucun des joueurs ne boude, le poseur place son dernier domino, tandis qu'il en reste nécessairement un dans les mains de son adversaire.

Et ce n'est point un homme à faire un quiproquo,
Celui qui, juste à point, sait faire domino.

L'ÉMIGRANT.

L'émigrant est formé de deux disques en bois, réunis au milieu par une petite traverse percée d'un trou dans lequel passe un cordon. Il faut d'abord rouler ce cordon autour de la traverse, en soutenant le bout opposé par une boucle que l'on met à son doigt. Ensuite on donne une impulsion qui déroule le cordon, et l'effet de la rotation suffit pour l'enrouler complétement de nouveau. Ce mouvement se répète autant de fois qu'on le juge à propos. Lorsqu'on a acquis une certaine habitude de ce jeu paisible, on parvient à faire remonter l'émigrant autour de son cordon, sans l'avoir préalablement roulé, par le moyen de petites secousses successives, qui le roulent d'abord en un tour, puis en deux, et enfin jusqu'à l'extrémité que tient la main.

LES GRACES.

On joue avec un ou deux cerceaux légers que les jeunes filles, placées en face l'une de l'autre à une vingtaine de pas, reçoivent sur deux baguettes. Il faut un peu croiser les baguettes pour donner

le mouvement d'impulsion. Ce jeu, qui peut être joué à deux ou plusieurs personnes, participe à la fois des *bagues* et du *volant*.

LES JONCHETS.

Autrefois, on avait l'habitude de répandre sur le sol des appartements des feuillages, de la paille ou des brins de jonc, d'où vient l'expression de *jon-*

cher. Nous pensons que c'est aussi l'origine du nom de *jonchets* que l'on donne à de petits brins d'ivoire, et c'est pourquoi nous le préférons à celui d'*onchets*, que les enfants connaissent mieux. On joue à deux, mais il n'est pas impossible d'être trois ou quatre. Le paquet de jonchets en contient un certain nombre parmi lesquels il s'en trouve qui ont des figures taillées à une de leurs extrémités, représentant le roi, la reine, un cheval, etc. Quand

il a été réuni en faisceau dans la main, on le laisse tomber naturellement, et le hasard mêle ces petites pièces et les enchevêtre l'une dans l'autre, de manière à ce qu'il soit très-difficile de ne pas remuer le jeu, lorsqu'on essaye avec un crochet d'enlever un des brins d'ivoire. Au plus léger mouvement des jonchets, il faut céder son tour à l'adversaire. On doit arriver à enlever toutes les pièces, et celui qui a réuni le plus grand nombre de points a gagné la partie. Pour calculer le nombre des points, on peut compter le roi pour cinquante, la reine pour quarante, le valet pour trente, le cheval pour vingt et chacun des simples pions pour dix.

LE KALÉIDOSCOPE.

Le kaléidoscope est un tube en carton, dont l'intérieur est partagé par des lames de verre noirci, qui reflètent sur leurs parois les petits objets de différentes couleurs que renferme un des compar· timents, et en les multipliant produisent un dessin régulier. En regardant à l'une des extrémités du tube comme dans une lorgnette, et en le faisant tourner doucement, on y verra les dessins les plus brillants, qui varieront à l'infini, et dont les jeunes filles pourront s'inspirer pour leurs travaux de broderie et de tapisserie.

LA LANTERNE MAGIQUE.

La lanterne magique, pour les enfants qui n'ont pas l'idée de son mécanisme, semble quelque chose qui touche au merveilleux. C'est une sorte de grande boîte, ordinairement en fer-blanc, qui porte à l'une de ses extrémités une grosse lentille de verre très-épaisse. Dans une coulisse pratiquée derrière cette lentille, on fait passer de longues plaques de verre. sur lesquelles des figures peintes représentent des sujets variés. On tend un grand drap ou un rideau blanc contre les parois d'une chambre obscure, et les figures s'y reflètent, en grossissant beaucoup. La personne qui fait glisser les verres doit, à mesure que les scènes passent devant les spectateurs, leur en donner des explications divertissantes.

Par un phénomène d'optique assez singulier, si on place les personnages dans leur position naturelle, ils se trouveront la tête en bas; mais en les mettant d'une manière contraire, ils seront sur leurs pieds.

Nous allions oublier l'essentiel, mais il nous semble que l'intelligence de nos enfants y eût suppléé. Nous allons voir s'ils comprennent ce que nous voulons dire en leur récitant la fable suivante; s'ils ne nous comprennent pas, il en résultera ce qui est arrivé à certain singe :

Un jour qu'au cabaret son maître était resté
   (C'était, je pense, un jour de fête),
     Notre singe en liberté
     Veut faire un coup de sa tête :
Il s'en va rassembler les divers animaux
     Qu'il peut rencontrer dans la ville ;
     Chiens, chats, dindons, pourceaux,
     Arrivent bientôt à la file.
« Entrez, entrez, messieurs! criait notre Jacqueau,
C'est ici, c'est ici qu'un spectacle nouveau
Vous charmera gratis : oui, messieurs, à la porte

On ne prend pas d'argent; je fais tout pour l'honneur.»
A ces mots, chaque spectateur
Va se placer, et l'on apporte
La lanterne magique : on ferme les volets,
Et par un discours fait exprès
Jacqueau prépare l'auditoire.
Ce morceau, vraiment oratoire,
Fit bâiller, mais on applaudit.
Content de son succès, notre singe saisit
Un verre peint qu'il met dans sa lanterne.
Il sait comment on le gouverne
Et crie en le poussant : « Est-il rien de pareil?
Messieurs, vous voyez le soleil,
Ses rayons et toute sa gloire!
Voici présentement la lune; et puis l'histoire
D'Adam, d'Ève et des animaux....
Voyez, messieurs; comme ils sont beaux!
Voyez la naissance du monde!
Voyez ... » Les spectateurs, dans une nuit profonde,
Écarquillaient leurs yeux et ne pouvaient rien voir;
L'appartement, le mur, tout était noir.
« Ma foi, disait un chat, de toutes les merveilles
Dont il éblouit nos oreilles
Le fait est que je ne vois rien.
— Moi, disait un dindon, je vois bien quelque chose ;
Mais je ne sais pour quelle cause
Je ne distingue pas très-bien. »
Pendant tous ces discours, le Cicéron moderne
Parlait éloquemment et ne se lassait point.
Il n'avait oublié qu'un point :
C'était d'éclairer sa lanterne.

Le loto se compose de petits cartons sur lesquels
sont placés des numéros dans des cases, au nombre de cinq par ligne, entremêlées de cases vides.
On tire d'un sac des petites boules demi-sphéri-
ques avec des numéros correspondant à ceux des
cartons. Lorsqu'on parvient à couvrir tous les numéros d'une ligne, on dit *quine*, et on a gagné.
Comme les boules à numéros ne suffiraient pas
pour tous les joueurs, on les laisse à celui qui les

tire du sac, et les autres joueurs se servent pour
eux-mêmes de petits jetons de verre ou d'ivoire.
Lorsqu'on a rempli quatre numéros sur la même
case, on a un quaterne ; trois numéros donnent un
terne ; mais ces nombres ne font pas gagner. Ces
termes sont ceux de la loterie, à cause de la
ressemblance des chances.

Ce jeu est composé d'un plateau ou d'un carton
sur lequel sont trente et une cases, où l'on pose
vingt brebis et deux loups.

Les vingt brebis se placent au haut du carton,
sur les vingt cases opposées à la bergerie, composée de neuf cases, qui est en bas du carton,

c'est-à-dire qu'elles se placent dans la prairie. De
l'autre côté, à l'entrée de la bergerie, on place les
deux loups, en laissant encore une case entre eux;
ils semblent garder l'entrée de la bergerie. Ce jeu
ne peut se jouer qu'entre deux personnes. Celle qui
a les brebis joue la première, et va toujours en

avant, comme au jeu de dames ; elle ne peut pas reculer, mais elle peut aller de côté.

Les loups vont au contraire en avant et en arrière, et cherchent à se placer de façon à ce qu'ils puissent passer par-dessus la brebis et la prendre, s'ils trouvent une case vide derrière elle.

Si celui qui a les loups oublie de prendre quand il en trouve l'occasion, celui qui a les brebis prend le loup (ce qui s'appelle *souffler*), et il joue. Il est bien rare alors qu'avec un seul loup on puisse gagner.

Le joueur qui a les brebis peut gagner sans prendre les loups, pourvu qu'il parvienne à remplir les neuf cases de la bergerie. En lisant l'article intitulé *le renard et les poules*, on comprendra mieux la configuration du damier sur lequel on fait manœuvrer les pièces, qui peuvent être les pions d'un échiquier, ou des dames, une couleur représentant les brebis et l'autre les loups.

LA MARELLE.

Ce jeu, très-simple, doit être joué sur un carton avec des lignes disposées comme sur la figure que nous donnons à la page suivante.

On a dix-huit pions, neuf de chaque couleur, que l'on ne pose que successivement sur un des petits ronds qui se trouvent à la jonction des lignes. Chaque joueur doit essayer de faire avec ses neuf pions une rangée de trois de front, et c'est à quoi son adversaire tâche de s'opposer. Pour cela, il faut essayer de placer un de ses propres pions entre les deux de son adversaire, ou à la suite, de manière à ce qu'il ne puisse pas arriver à en placer trois de front. S'il y parvient toutefois, il a le droit d'enlever un de vos pions à son choix, c'est-à-dire celui qui pourrait lui causer le plus de préjudice.

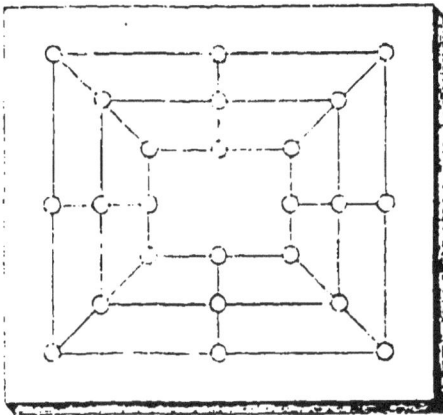

Les pions ne peuvent aller qu'en droite ligne, et ne peuvent sauter par-dessus les autres que lorsque celui qui joue n'en a plus que trois. Dans ce dernier cas, il a la faculté de poser un de ses pions où bon lui semble, et il arrive alors plus facilement à les mettre trois de front et quelquefois à gagner, malgré l'avantage du nombre qui est du côté opposé. Le jeu finit quand on n'a plus que deux pions.

L'OIE.

J'aime ces jeux galants où l'esprit se déploie;
C'est, monsieur, par exemple, un bien beau jeu que l'oie!

Le poëte comique met ces vers dans la bouche d'un valet naïf, pour se moquer de la simplicité du jeu; mais, n'en déplaise à Regnard, nous aimons assez le jeu de l'oie renouvelé des Grecs.

Il nous est bien difficile de l'expliquer, faute des figures nombreuses qui en déterminent la marche, mais nous essayerons d'en donner une idée. Soixante-trois cases, remplies par des dessins diffé- rents, produisent des coups plus ou moins heureux. Les dés, jetés d'un cornet, indiquent les nombres auxquels se rapportent les numéros des cases. Chaque joueur tire à son tour et pose sur la case correspondante au nombre qu'il amène un petit objet qui lui appartient; il doit toujours occuper la place où l'envoie le sort. Ainsi, par exemple, de neuf en neuf cases est la figure d'une oie. Si l'on y arrive après avoir compté le nombre donné par les dés, on continue sa marche, toujours comptant le même nombre. Quelquefois on arrive à un ob- stacle appelé *le puits, le labyrinthe, l'hôtellerie, la prison, la mort*, etc. Chacun de ces obstacles en- traîne une pénitence différente. Pour *la mort*, il faut recommencer soi-même tout le jeu, tandis que l'adversaire ou les adversaires le continuent. Nous répétons que nous ne pouvons donner de ce jeu qu'une idée imparfaite, mais que le tableau du jeu, qu'on peut se procurer, en contient toutes les règles détaillées. On a souvent varié les figures classiques du jeu d'oie, en y substituant des figures qui se rapportaient à quelque idée en vogue dans le moment. L'innovation la plus moderne a pris le titre de jeu du *Steeple-Chase*. De petits cavaliers en carton servent à marquer la marche du jeu.

LES OMBRES CHINOISES.

Nous empruntons à un auteur érudit[1] quelques renseignements intéressants sur ce jeu, que les enfants pourront aisément fabriquer eux-mêmes et qui leur rappellera d'heureux moments passés dans la salle de Séraphin, nom magique qui a souvent fait battre leurs jeunes cœurs.

Ce divertissement, dont on rapporte généralement l'origine aux Chinois et aux Javanais, est du moins, sans aucun doute, un des spectacles favoris des Orientaux. Il est depuis assez longtemps connu en Italie et en Allemagne. Le procédé mécanique est bien simple : On met, à la place du rideau d'un petit théâtre, une toile blanche ou un papier huilé bien tendu. A sept ou huit pieds derrière

---

1. M. Ch. Magnin, *Histoire des Marionnettes*.

cette tenture, on pose des lumières. Si l'on fait glisser alors entre la lumière et la toile tendue des figures mobiles et plates, taillées dans des feuilles de carton ou de cuir, l'ombre de ces découpures se projette sur la toile ou sur le transparent de papier et apparaît aux spectateurs. Un main cachée dirige ces petits acteurs au moyen de tiges légères, et fait mouvoir à volonté leurs membres par des fils disposés comme ceux de nos pantins de carte. « Je ne connais pas, dit Grimm, de spectacle plus intéressant pour les enfants; il se prête aux enchantements, au merveilleux et aux catastrophes les plus terribles. Si vous voulez, par exemple, que le diable emporte quelqu'un, l'acteur qui fait le diable n'a qu'à sauter par-dessus la chandelle placée en arrière, et, sur la toile, il aura l'air de s'envoler avec lui par les airs. »

Les enfants qui reviennent émerveillés des scènes ingénieuses qu'ils ont vu représenter sur le théâtre de Séraphin apprendront avec intérêt qu'ils ont assisté à un spectacle, sans doute toujours nouveau, mais dont les premières représentations eurent lieu en 1776. Nous citons encore :

« On voyait, entre autres tableaux : 1° une tempête : le tonnerre, la grêle assaillant la mer, plusieurs vaisseaux faisant naufrage; 2° un pont dont une arche est démolie et des ouvriers qui la réparent: un voyageur leur demande si la rivière est guéable; les ouvriers se moquent de lui et répondent par le fameux couplet: *les canards l'ont bien passée*[1]; le voyageur découvre un petit bateau, passe la rivière et châtie les ouvriers. C'est déjà, comme on voit, le fameux *Pont cassé*, la pièce classique des *Ombres chinoises*, vieux fabliau qui se trouve en germe dans une ancienne facétie, le *Dict de l'herberie*, qu'on peut lire à la suite des poésies de Rutebœuf[2], et que Cyrano de Bergerac n'a pas dédaigné d'insérer à peu près textuellement dans sa comédie du *Pédant joué;* 3° un canal sur lequel on aperçoit une troupe de canards : quelques chasseurs dans un bateau les tirent à coups de fusil, etc. »

LES OSSELETS.

Nous sommes encore en pleine antiquité. Les osselets sont, avec les dés, un des plus anciens jouets connus. Les Grecs s'en servaient comme de

1. On trouve ce couplet dans une très-ancienne chanson intitulée *Dialogue du Prince et du Berger* :

LE PRINCE.
Passe-t-on la rivière à gué?
LE BERGER.
Les canards l'ont bien passé,
O lirenda, lirondé.
(Voy. *Cahier de Chansons,* veuve Oudot, 1718.)

2. *Œuvres complètes de Rutebœuf,* trouvère du treizième siècle. (Notes de M. Ch. Magnin.)

dés, pour indiquer les coups de hasard, par des
points marqués sur les différentes faces, et les faisaient également glisser dans un tube. On trouve
des osselets au nombre des jouets renfermés dans
les tombeaux des petits enfants, et une des plus
jolies statues antiques représente une jeune fille
assise à terre et jouant avec des osselets.

Les osselets modernes sont de petits os ou de
petits morceaux d'ivoire façonnés en forme d'os,
que l'on essaye de faire tenir sur le revers de la
main, que l'on jette en l'air et que l'on reçoit ensuite. On s'en sert aussi pour divers tours d'adresse.
On prend cinq osselets dans la main ; on en jette
un en l'air, et l'on pose les autres sur la table. On
en reprend un avant que le premier soit tombé, et
ainsi de suite jusqu'au dernier. Comme toutes les
manières de jouer sont nommées, celle-ci s'appelle
les *premières*. Voici les *secondes :* On prend deux osselets à la fois pendant que les premières retom-
bent; aux *troisièmes* on en prend trois, et quatre
aux *quatrièmes*. Ensuite on se sert de l'osselet qui
est en main, on le baise, on passe la main derrière le dos, pendant que celui qu'on va recevoir
est en l'air. Viennent ensuite les *passes-passes*. Il
faut, pendant que l'un des osselets est lancé, et
avant qu'il revienne dans la main, faire passer
avec la main droite tous ceux qui sont restés sur
la table, sous le pouce et l'index de la main gau-

che disposés comme une arche de pont. On fait des *échanges* en mettant un osselet à la place d'un autre ; des *rafles*, en ramassant tous les osselets ensemble ; des *creux*, des *dos* ou des *plats* en les retournant tous les uns après les autres, pendant qu'il y en a un en l'air, sur le côté que ce nom indique suffisamment.

LE PANTIN.

Ce jouet, en apparence plus puéril que tous ceux dont nous nous sommes occupés jusqu'à présent, a cependant aussi des souvenirs historiques qui nous forcent de nous y arrêter.

Les pantins sont définis ainsi dans un vieux livre : « Petites figures peintes sur du carton, qui, par le moyen de petits fils que l'on tire, font de petites contorsions propres à amuser les enfants. »

Quelquefois on nomme aussi du nom de *pantins* des poupées de bois ou d'autres matières, qui se meuvent également avec des fils. De tels jouets ont été trouvés dans les tombeaux de Thèbes et de Memphis. Une barque en bois, qui se voit au musée du Louvre, est montée par de petits rameurs qui devaient se mouvoir. Dans les tombeaux de Rome ancienne, on a également trouvé des pantins de différentes matières, en os, en ivoire, en bois, en terre cuite ; mais sous cette forme le pantin se

rapproche plutôt des marionnettes, comme celles
que nos enfants font agir dans les petits théâtres
de carton, ou comme celles qu'ils vont admirer
aux théâtres de Polichinelle et de Séraphin. Nous
n'avons en France que ces marionnettes tradi-

tionnelles. Dans les pays étrangers, comme en
Allemagne. et surtout en Italie, elles ont plus
de variétés, sont beaucoup plus répandues et sont
appréciées de tous les âges. Les théâtres de marionnettes, en Italie, représentent des pièces sati-

riques, souvent très-spirituelles, et dont le peuple fait ses délices, comme autrefois les Athéniens. On trouve dans Platon des comparaisons tirées de cet amusement favori : il représente les hommes comme des marionnettes que des fils font mouvoir ; les fils des passions tirent l'homme de tous côtés ; un seul lui donne une bonne direction : c'est le fil d'or de la raison.

Pour revenir au simple pantin de carton, nous dirons qu'il eut dans le siècle dernier une vogue incroyable. On en trouvait partout. Les plus grandes dames s'en amusaient comme des enfants et les portaient même à la promenade. On en fabriquait de simples et de compliqués, à tous les prix. C'est alors que l'on composa cette chanson sur laquelle encore aujourd'hui on fait danser les pantins :

Que Pantin serait content
S'il avait l'heur de vous plaire !
Que Pantin serait content
S'il vous plaisait en dansant !

Si les enfants aujourd'hui veulent essayer de s'en amuser encore, ils peuvent fabriquer des pantins eux-mêmes avec du carton blanc ou peint, en rattachant les membres avec des bouts de fil, de manière qu'ils aient de la flexibilité, et leur donnant le mouvement avec d'autres longs bouts de fil ou de soie *noire*. Si on les fait mouvoir en se tenant un peu dans l'ombre et en ayant devant soi un vête-

ment de couleur foncée, il semblera que les petites figures s'agitent toutes seules, surtout si on
rattache tous ces longs fils à une canne que l'on
tient dans une position horizontale au-dessus du
pantin et sur laquelle on promène ses doigts d'une
manière presque invisible. Avec un peu d'habileté, l'illusion sera complète.

LE PARACHUTE.

Les jolis objets qu'on appelle parachutes sont

une invention moderne, et ils ont eu l'heureux

privilége d'être aussitôt adoptés par tous les enfants, petits et grands, jeunes filles et jeunes garçons. On sait qu'ils sont formés d'un grand papier
de soie coupé en rond, plié comme les feuilles
d'un éventail et auquel sont attachés de distance
en distance de longs brins de fil qui se réunissent
en un nœud que l'on tient dans la main. On lance
ce léger parachute plié, en le retenant par les
brins de fil. Il se développe en l'air et retombe
sous forme d'un parapluie ouvert, avec la molle
lenteur des flocons de neige.

LA POUPÉE.

Nous n'avons rien à enseigner aux petites filles
sur l'usage de la poupée. Elles le connaissent mieux
que nous, dont les souvenirs sont déjà lointains;
elles le pratiquent avec une conscience, une per-
sévérance, une foi, si nous osons parler ainsi, qui
renferme bien des mystères. C'est que la poupée
est aussi un être mystérieux, un symbole, dont
on comprend le sens mieux qu'on ne le définit. Il y
a eu une *poupée* dès qu'il a existé une petite fille,
et cette tradition s'est perpétuée avec la force des
choses vraies et nécessaires. Elle a traversé les ré-
volutions des peuples et des empires. Elle a résisté
au temps aussi bien qu'une pyramide. A Thèbes,
dans le tombeau d'une petite enfant morte il y a
des milliers d'années, on a retrouvé une poupée

faite en chiffons, comme celles que font elles-mêmes les petites filles d'aujourd'hui.

La poupée n'est pas seulement un jouet, un amusement; elle est un besoin, elle est la réalisation des instincts féminins. La petite fille essaye sa vocation quand elle est en face de ce petit être passif, dans lequel elle reconnaît un enfant comme elle; enfant quelquefois méchant, quelquefois malade, souvent capricieux et envers lequel l'enfant véritable a des devoirs sérieux. Ses rapports avec cet être sont ceux d'un être supérieur qui a une tâche immense à remplir et les droits les plus illimités pour l'accomplir, en un mot, la tâche de la mère envers son enfant.

Si la petite fille entre bien dans l'esprit du rôle qu'elle crée à son insu et qui lui est inspiré par des événements dont elle est l'auteur, par une sorte de convention tacite avec elle-même, elle-supposera à cette poupée, devenue son enfant, tous les sentiments qu'elle éprouve, ou ceux qu'elle a pu observer chez ses compagnes. Cette petite figure inerte, qui gisait dans un coin, est relevée par un être intelligent, et à l'instant commence une scène animée par le jeu des passions. La poupée est volontaire; sa mère de dix ans lui enseigne que l'opiniâtreté et les caprices sont des défauts devant lesquels l'autorité maternelle ne doit pas plier, et moitié par le raisonnement, moitié par la

sévérité, quelquefois par des corrections dont elle n'a pourtant pas reçu l'exemple, elle finit par dompter un caractère rebelle. La poupée est sage et raisonnable, on lui prouve par des caresses et des récompenses qu'elle doit n'avoir rien plus à cœur que la satisfaction de sa mère. La poupée est dolente; sa mère s'émeut; elle l'interroge avec inquiétude; elle s'aperçoit que son enfant souffre. Alors commence pour elle la pratique des devoirs les plus tendres, des soins les plus dévoués, et quand l'enfant s'endort d'un doux sommeil, la mère se repose aussi, demande du silence autour d'elle et conserve longtemps la trace des pensées sérieuses qui viennent d'occuper son esprit.

A côté de tous ces devoirs importants, il en est un surtout que la mère affectionne : c'est de revêtir cet enfant de tout ce qu'elle peut rassembler de plus beau. Elle va même jusqu'à l'extravagance dans ce besoin qu'elle a de parer cette chère créature, et elle lui donne des vêtements qui ne sont pas de son âge. Elle en fait une *belle dame.* Alors elle s'admire dans son œuvre, mais elle n'en jouit pas de la même manière que lorsqu'elle retrouvait en elle son enfant.

Faut-il attribuer ce soin pour la parure des poupées à des instincts de coquetterie et de vanité? Faut-il y voir ce sentiment plus doux et plus tendre qui fait désirer à une mère que son enfant sur-

7

passe tous les autres, même en beauté et en élégance? Hélas ! nous croyons qu'il y a là, comme dans la nature humaine, un mélange des bons et des mauvais sentiments; mais du moins celui qui est le plus pur ennoblit l'autre et le fait pardonner.

La puissance de la poupée est telle, que quand elle devient vieille, malpropre, estropiée, la petite fille vraiment aimante s'y attache encore davantage. C'est un lien, c'est une habitude, c'est aussi quelque chose de ce sentiment si touchant qui fait préférer à la mère l'enfant difforme et rebuté des autres. Peut-être ce sentiment s'explique-t-il par celui de la responsabilité ; peut être est-ce par la pitié infinie qui est dans le cœur de la femme; peut-être enfin est-ce par la pensée que les êtres que le monde dédaigne appartiennent d'autant plus à ceux qui leur accordent l'intérêt et l'affection qu'ils ne trouvent pas ailleurs. Quel que soit le mobile secret, le sentiment est en germe chez la petite fille qui préfère la poupée que personne ne regarde. Il se retrouve encore chez la pauvre enfant du peuple, qui aime cet objet informe qu'elle appelle sa poupée, autant qu'elle aimerait ces splendides figures sur lesquelles elle ose à peine jeter un regard d'envie; qui la revêt avec amour des misérables chiffons dont elle peut disposer, et qui la berce dans ses bras avec cette tendre sollicitude qu'elle aurait pour les membres délicats d'un nouveau-né.

Peut-être que dans notre préoccupation des sentiments que nous paraît personnifier la poupée, nous avons retracé trop sérieusement les différents emplois que fait la petite fille de ce jouet. Il nous a paru presque inutile de lui enseigner ce que son instinct lui révèle à coup sûr, et de parler de tous les jeux dans lesquels figure ce petit être. On l'habille; on le déshabille à des heures réglées, en se servant des petits vêtements et des petits meubles à son usage; on feint de le faire manger des mets fictifs ou réels dans des repas qu'on lui prépare, ce que les enfants, dans leur langage de convention, appellent *faire la dînette*. Ces soins deviennent pour quelques petites filles une véritable passion. Pour quelques-unes, ils ont un côté utile en leur créant des occupations sédentaires, en leur donnant des habitudes d'ordre et du goût pour le travail à l'aiguille. D'autres enfants, mais le nombre en est plus rare, ont une espèce d'indifférence pour les poupées, ou bien en perdent le goût de bonne heure. Enfin il vient un âge où ce goût esse pour toutes également.

La religion païenne exprimait le changement qui s'opère habituellement dans les idées de la jeune fille par le sacrifice qu'elle devait faire de sa poupée à Vénus au moment de son mariage. Cette cérémonie signifiait que la jeune fille renonçait aux jeux de l'enfance et allait se consacrer à de nouveaux devoirs. Quand le christianisme remplaça le culte des faux dieux, quelques coutumes subsistèrent et entre autres celle de renfermer dans les tombeaux des enfants ou des jeunes filles les petits objets ou les jouets qui avaient été à leur usage. C'est ce qui explique le grand nombre de ces naïfs débris que l'on a recueillis dans les sarcophages des catacombes où reposaient les chrétiens. Cette coutume touchante nous a transmis le modèle de ces jouets semblables à ceux de nos enfants. On voit dans les musées de Rome les osselets, les petites clochettes, les dés, les petites boules d'or et d'argent, et enfin les poupées qui ont fait le bonheur des enfants durant le peu de jours qu'ils ont passés sur la terre, et qui les ont suivis dans la paix du tombeau. Une jeune princesse, Marie, fille de Stilicon, femme d'Honorius, a été trouvée dans son cercueil, en 1544, dans le cimetière du Vatican; à ses côtés, une cassette d'argent renfermait des objets de toilette qui lui avaient appartenu, et plusieurs petites poupées d'ivoire étaient couchées près d'elle.

LE RENARD ET LES POULES.

Ce jeu ressemble à celui de la marelle, que nous avons donné plus haut, ou au jeu de dames moins compliqué. Il est encore nécessaire que nous donnions ici la figure du carton sur lequel on le joue.

Le renard est représenté par un pion d'une cou-

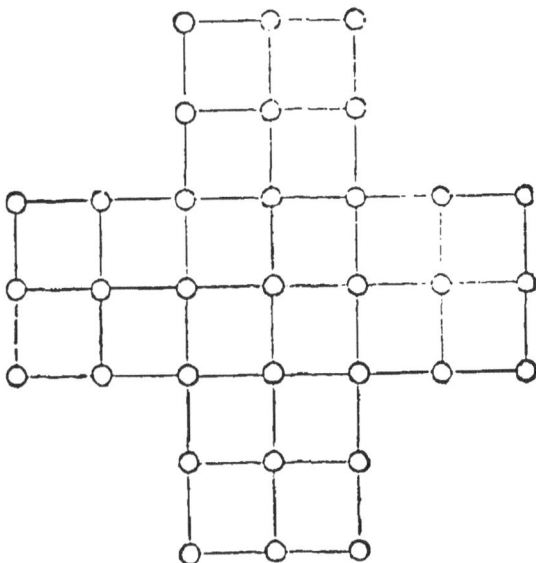

leur, et les poules par treize pions d'une autre
couleur, rangés à un bout de cette sorte de da-

mier. Quelquefois on peut se servir de deux re-
nards, qui sont placés à l'autre extrémité du da-

mier. Le renard va en avant, en arrière et de côté. Les poules ne peuvent aller qu'en arrière et de côté. Le but du jeu est de poursuivre le renard et de l'enfermer de telle sorte qu'il ne puisse s'en aller. Le renard a le droit de prendre toutes les poules qui ont une case vide derrière elles.

LE SOLITAIRE.

Le solitaire est le plus paisible et le plus silencieux de tous les jeux, il est composé d'une petite

planche de forme octogone, percée de trente-sept trous. Dans ces trous on place trente-six petits pions d'ivoire, et le jeu consiste à faire passer un pion par-dessus un autre, en enlevant celui-ci. Il faut ne jamais franchir un espace vide, ne jamais franchir deux pions à la fois, et enfin n'aller jamais en biais. À la fin du jeu, il ne doit rester qu'un pion *solitaire*, ce qui est assez difficile à obtenir.

LE SPHINX.

Ce jeu prend son nom d'un animal fabuleux, qui dévorait, dit-on, ceux qui ne pouvaient deviner

une énigme. Il se compose de petites plaques de carton ou d'ivoire, portant chacune une lettre de l'alphabet et avec lesquelles on forme des mots que l'on donne à deviner aux autres joueurs après les avoir brouillés d'abord. Ce jeu amuse les grandes personnes, et il peut encore servir à enseigner la lecture aux petits enfants.

LE TOTON.

Nous voudrions bien dire *tonton*, comme les enfants, mais l'étymologie du mot s'y refuse. On sait
que le véritable *toton* est une sorte de petit dé qui
a des lettres gravées sur quatre faces et qui est
traversé par un pivot sur lequel on le fait tourner
aussi longtemps que possible. Les chances du jeu

sont déterminées par la lettre qu'il présente au
moment où il se couche sur le côté. Nous allons
donner l'explication de chacune de ces lettres, qui
est l'initiale d'un mot latin. La lettre P est l'initiale
de *pone*, qui signifie *mettez*. Il faut mettre un jeton
au jeu. La lettre A veut dire *accipe*, en français *recevez*. On reçoit un jeton. La lettre D, en latin *da*,
en français *donnez*, a le même effet que *pone*. En-

fin la lettre T, qui est le mot latin *totum*, en français *tout*, gagne les jetons. C'est celle qui donne
son nom à ce jeu très-simple.

Il y a des *totons* qui ont un plus grand nombre
de faces. ce qui varie les hasards du gain et de la
perte Le toton à douze faces a presque la forme
d'une boule; aussi le fait-on rouler avec la main.
Les faces sont numérotées de 1 à 12. Celui qui
amène le plus haut point gagne la partie.

LE VOLANT.

Il nous semble inutile de donner la description
de ce jeu, qui ne paraît pas remonter au delà du

quinzième siècle. Le volant et la raquette sont
d'un usage si général qu'il doit suffire de les in-

diquer. C'est un exercice très-salutaire à la santé, très-amusant et où l'on peut, avec de la pratique devenir d'une grande habileté.

Si l'espace manque pour jouer avec une raquette, on peut se servir de cornets de bois et de volants légers. Deux joueurs d'égale force peuvent faire des parties si longues qu'elles ne cesseront que par leur volonté et non par la chute du volant.

On raconte que Nicole et Arnault, ces deux grands solitaires de Port-Royal, se délassaient de leurs travaux sérieux par d'éternelles parties de volant, comptant au delà de mille coups sans s'arrêter. On cite beaucoup de célèbres personnages qui n'ont pas dédaigné cet amusement.

TROISIÈME PARTIE.

LES RONDES.

Les rondes sont ou de petits poëmes mis en action et chantés sur un air simple, ou des chansons répétées en chœur, tandis que les enfants, se tenant par la main, dansent *en rond*.

Cette manière de danser en se tenant par la main doit remonter à la plus haute antiquité. Les Grecs avaient des danses semblables. Dans l'une de celles que l'on cite le plus souvent, et dont ils ont conservé la tradition jusqu'à nos jours, ils étaient censés représenter les détours du labyrinthe de Crète et la chasse donnée au Minotaure. Les mêmes inspirations se retrouvent dans un grand nombre de ces antiques rondes que nos enfants chantent et dansent, sans se douter qu'ils perpétuent le souvenir d'un fait historique ou une coutume locale maintenant oubliée. Nous rappellerons ces origines lorsqu'elles se présenteront à nous avec quelque circonstance digne d'être mentionnée, et nous ne pouvons mieux faire que de placer ici quelques lignes extraites d'une nouvelle de M. Ch. Nodier, qui seront une introduction à ce petit recueil de naïves poésies.

« Comme il faisait très-beau, les jeunes filles ne manquèrent pas d'arriver à leur rendez-vous du soir, et de former autour du vieil orme où j'étais assis par hasard leurs danses accoutumées, en chantant en chœur des airs de ronde qui m'étonnaient par leur simplicité et leur grâce, parce que l'exil et la guerre m'avaient privé de trop bonne heure de ces innocentes joies de l'enfance. . .

. . . . Je ne me rappelle pas bien l'air et les paroles de ces chansons-là, mais il me semble qu'elles ne vibreraient jamais à mon oreille sans que mon cœur en tressaillît, tant elles me révélaient de choses charmantes. Cependant, ce n'était rien en soi, ou plutôt cela serait impossible à exprimer à ceux qui n'ont pas senti la même chose. C'était, si je m'en souviens, une belle qui s'était endormie au bord d'une fontaine, et que son père et son fiancé cherchaient sans la trouver. C'étaient des filles de roi, chassées de leurs palais, qui se réveillaient dans la forêt un jour de bataille:.... C'étaient les regrets des bergères qui s'affligent de ne plus aller au bois, parce que les lauriers sont coupés, et qui aspirent après la saison qui doit ramener leurs danses. »

NOUS N'IRONS PLUS AU BOIS.

Ce qui précède nous engage à commencer par cette ronde, composée, dit-on, par la marquise de Pompadour, qui la faisait danser sous les ombrages de Choisy-le-Roi ou de Bellevue, aux courtisans de Louis XV.

Nous n'irons plus au bois, Les lauriers sont coupés; La bel-le que voi-là Vien-dra les ra-mas-ser. Entrez dans la dan-se, Voyez comme on dan-se; Sau-tez, Dan-sez, Embrassez cell' que vous aimez.

Nous n'irons plus au bois,
Les lauriers sont coupés.
La belle que voilà

La lairons-nous danser?
Entrez dans la danse,
Voyez comme on danse.
                    Sautez,
                    Dansez,
Embrassez cell' que vous aimez.

La belle que voilà
La lairons-nous danser?
Mais les lauriers du bois
Les lairons-nous faner?
    Entrez dans la danse, etc.

Mais les lauriers du bois
Les lairons-nous faner?
Non, chacune à son tour,
Ira les ramasser.
    Entrez, etc.

Non, chacune à son tour,
Ira les ramasser.
Si la cigale y dort,
Ne faut pas la blesser.
    Entrez, etc.

Si la cigale y dort,
Ne faut pas la blesser
Le chant du rossignol
La viendra réveiller.
    Entrez, etc.

Le chant du rossignol
La viendra réveiller.
Et aussi la fauvette
Avec son doux gosier
    Entrez, etc.

Et aussi la fauvette
Avec son doux gosier.
Et Jeanne la bergère
Avec son blanc panier.
 Entrez, etc.

Et Jeanne la bergère
Avec son blanc panier.
Allant cueillir la fraise
Et la fleur d'églantier.
 Entrez, etc.

Allant cueillir la fraise
Et la fleur d'églantier.
Cigale, ma cigale,
Allons, il faut chanter.
 Entrez, etc.

Cigale, ma cigale,
Allons, il faut chanter,
Car les lauriers du bois
Sont déjà repoussés.
 Entrez, etc.

Cette fraîche pastorale est une simple ronde, dont une jeune fille se détache; et après avoir, du milieu du cercle, fait un choix parmi une de ses compagnes, qu'elle embrasse, reprend la place de celle-ci, qui va prendre la sienne, tandis qu'on tourne autour d'elle, et de même à chaque couplet.

LA BOULANGÈRE.

La bou-lan - gère a des   é - cus Qui ne lui

cou- tent guè - re,   La bou-lan- gère a des é -

cus Qui ne lui   cou-tent guè - re,   Oui, elle en

a, je les ai   vus, J'ai vu la bou- lan-gè-re, j'ai

vu, J'ai vu la bou- lan-gè - re.   La bou-lan

On continue le refrain en quittant la ronde générale pour tourner deux par deux, jusqu'à ce
que chacune ait tourné successivement; puis on
reprend la chaîne, en recommençant le couplet.

LE LAURIER DE FRANCE.

J'ai un beau laurier de France.
Mon joli laurier danse,
Mon joli laurier.

Mademoiselle, entrez en danse,
Mon joli laurier danse,
Mon joli laurier.

Faites-nous trois révérences;
Mon joli laurier danse,
Mon joli laurier.

Maint'nant le tour de la danse
Mon joli laurier danse,
Mon joli laurier.

Embrassez vot' ressemblance;

8

Mon joli laurier danse,
Mon joli laurier.

Le dénoûment de presque toutes ces rondes est le même. Les jeunes filles s'embrassent ou se poursuivent.

IL ÉTAIT UNE BERGÈRE.

Il é - tait un' ber - gè - re, Et ron, ron, ron, pe-tit pa-ta-pon; Il é-tait un' ber-gè-re Qui gardait ses mou-tons, ron, ron, Qui gardait ses mou-tons.

Il était un' bergère,
Et ron, ron, ron, petit patapon;
Il était un' bergère,
Qui gardait ses moutons,
Ron, ron,
Qui gardait ses moutons.

Elle fit un fromage,
Et ron, ron, ron, petit patapon;
Elle fit un fromage,
Du lait de ses moutons,
Ron, ron,
Du lait de ses moutons.

Le chat qui la regarde,
Et ron, ron, ron, petit patapon
Le chat qui la regarde,
D'un petit air fripon,
      Ron, ron,
D'un petit air fripon.

« Si tu y mets la patte,
Et ron, ron, ron, petit patapon ;
Si tu y mets la patte,
Tu auras du bâton,
      Ron, ron,
Tu auras du bâton. »

Il n'y mit pas la patte,
Et ron, ron, ron, petit patapon ;
Il n'y mit pas la patte,
Il y mit le menton,
      Ron, ron,
Il y mit le menton.

La bergère en colère,
Et ron, ron, ron, petit patapon ;
La bergère en colère,
Tua son p'tit chaton,
      Ron, ron,
Tua son p'tit chaton.

Elle fut à son père,
Et ron, ron, ron, petit patapon ;
Elle fut à son père,
Lui demander pardon,
      Ron, ron,
Lui demander pardon.

« Mon père je m'accuse,
Et ron, ron, ron, petit patapon ;
    Mon père je m'accuse,
    D'avoir tué mon chaton,
            Ron, ron,
    D'avoir tué mon chaton.

    — Ma fill', pour pénitence,
Et ron, ron, ron, petit patapon ;
    Ma fill', pour pénitence,
    Nous nous embrasserons,
            Ron, ron.
    Nous nous embrasserons.

    -- La pénitence est douce,
Et ron, ron, ron, petit patapon ;
    La pénitence est douce,
    Nous recommencerons,
            Ron, ron,
    Nous recommencerons. »

GIROFLÉ, GIROFLA.

Que t'as de bel-les fil-les! Gi-ro - flé, gi-ro-

la; Que t'as de bel-les fil-les! L'amour m'y compt'ra.

Que t'as de belles filles!
Giroflé, girofla ;
Que t'as de belles filles!
L'amour m'y compt'ra (*ou* m'y prendra).

Ell's sont bell's et gentilles,
Giroflé, girofla,
Ell's sont bell's et gentilles,
L'amour m'y compt'ra.

Donnez-moi-z'en donc une,
Giroflé, girofla,
Donnez-moi-z'en donc une,
L'amour m'y compt'ra.

Pas seul'ment la queue d'une,
Giroflé, girofla

Pas seul'ment la queue d une,
L'amour m'y compt'ra.

J'irai au bois seulette,
Giroflé, girofla ;
J'irai au bois seulette,
L'amour m'y compt'ra.

Quoi faire au bois seulette?
Giroflé, girofla ;
Quoi faire au bois seulette
L'amour m'y compt'ra.

Cueillir la violette,
Giroflé, girofla ;
Cueillir la violette,
L'amour m'y compt'ra.

Quoi faire de la violette?
Giroflé, girofla ;
Quoi faire de la violette?
L'amour m'y compt'ra.

Pour mettre à ma coll'rette
Giroflé, girofla :
Pour mettre à ma coll'rette,
L'amour m'y prendra.

Si le roi t'y rencontre?
Giroflé, girofla ;
Si le roi t'y rencontre?
L'amour m'y compt'ra.

J'lui ferai trois r'vérences,
 Giroflé, girofla ;

J'lui ferai trois r'vérences,
L'amour m'y compt'ra.

Si la reine t'y rencontre?
Giroflé, girofla ;
Si la reine t'y rencontre?
L'amour m'y compt'ra.

J'lui ferai six r'vérences,
Giroflé, girofla;
J'lui ferai six r'vérences,
L'amour m'y compt'ra.

Si le diable t'y rencontre?
Giroflé, girofla ;
Si le diable t'y rencontre?
L'amour m'y compt'ra.

Je lui ferai les cornes!
Giroflé, girofla ;
Je lui ferai les cornes !
L'amour m'y compt'ra.

Une des jeunes filles est seule, et les autres s'a-
vancent vers elle, en se tenant par la main, puis
se reculent. Celle qui est seule fait de même; en
commençant elle dit le premier couplet; les autres
répondent par le suivant, et dans l'intervalle où
la jeune fille qui est seule ne chante pas, elle doit
figurer l'action dont elle a parlé dans son couplet,
cueillir la violette, faire les révérences, etc. Au
dernier couplet, elle fait avec ses doigts les cornes
à ses compagnes, qui s'enfuient à ce geste mena-
çant.

LE CIEL ET L'ENFER.

Les jeunes filles se tenant par la robe, à la suite l'une de l'autre, passent sous l'arc que forment les bras de deux de leurs compagnes. Celles-ci chantent : *Trois fois passera*, *la dernière y restera*, pendant que les premières défilent, et. au troisième tour, elles abaissent leurs bras et retiennent celle qui se trouve prise ainsi. Alors, elles lui demandent tout bas avec laquelle des deux elle veut rester. Quand elle a fait son choix, elle va se placer derrière celle qu'elle a désignée. L'une des deux représente le ciel, l'autre l'enfer, et celles qui ont fait un bon choix, quand le jeu est fini, poursuivent les autres en leur faisant les cornes, comme dans la ronde précédente. Ce geste, qui n'est ni gracieux ni bienveillant, se retrouve dans certains jeux d'enfants, et doit tirer son origine de quelque légende du moyen âge, époque où le diable avait toujours un rôle actif. Cette action de montrer les cornes avec les doigts est particulière à l'Italie, où les gens du peuple croient détourner un maléfice, qu'ils appellent le *mauvais œil* (*jettatura*), soit en

présentant ainsi les doigts de la main, soit en portant sur eux quelque petit objet de métal ou de
corail, tel qu'une épingle, façonnée en forme de
main, dont deux doigts sont tendus en avant
comme deux cornes menaçantes.

LA TOUR, PRENDS GARDE!

La marquise de Prie, pour amuser les Condé,
avait composé le chant de : *la Tour prends garde!*
petit drame entre le duc de Bourbon, son fils, le
capitaine et les gardes de Son Altesse.

La tour, prends gar - de, La tour, prends
gar - de De te lais - ser a - bat - tre.

LE CAPITAINE ET LE COLONEL.

La tour, prends garde (*bis*)
De te laisser abattre.

LA TOUR.

Nous n'avons garde (*bis*)
De nous laisser abattre.

LE COLONEL.

J'irai me plaindre (*bis*)
Au duc de Bourbon.

LA TOUR.

Eh ! va te plaindre (*bis*)
Au duc de Bourbon.

LE COLONEL ET LE CAPITAINE.

Mon duc, mon prince (*bis*),
Je viens à vos genoux.

LE DUC.

Mon capitaine, mon colonel (*bis*),
Que me demandez-vous ?

LE COLONEL ET LE CAPITAINE.

Un de vos gardes (*bis*)
Pour abattre la tour.

LE DUC.

Allez, mon garde (*bis*),
Pour abattre la tour.

LE COLONEL ET LE CAPITAINE AVEC LE GARDE.

La tour, prends garde (*bis*)
De te laisser abattre.

LA TOUR.

Nous n'avons garde (*bis*)
De nous laisser abattre.

LES OFFICIERS (*au duc*).

Mon duc, mon prince (*bis*),
Je viens à vos genoux.

LE DUC.

Mon capitaine, mon colonel (*bis*),
Que me demandez-vous ?

LES OFFICIERS.

Deux de vos gardes (*bis*)
Pour abattre la tour.

LE DUC.

Allez, mon garde (*bis*),
Pour abattre la tour.

LES OFFICIERS (*à la tour*).

La tour prends garde (*bis*)
De te laisser abattre.

LA TOUR.

Nous n'avons garde (*bis*)
De nous laisser abattre.

LES OFFICIERS (*au duc*).

Mon duc, mon prince (*bis*),
Je viens à vos genoux.

LE DUC.

Mon capitaine, mon colonel (*bis*),
Que me demandez-vous?

LES OFFICIERS.

Votre cher fils (*bis*)
Pour abattre la tour.

LE DUC.

Allez, mon fils (*bis*),
Pour abattre la tour.

LE FILS ET LES OFFICIERS.

La tour, prends garde (*bis*)
De te laisser abattre.

LA TOUR.

Nous n'avons garde (*bis*)
De nous laisser abattre.

LES OFFICIERS (*au duc*)

Votre présence (*bis*)
Pour abattre la tour.

LE DUC.

Je vais moi-même (*bis*)
Pour abattre la tour.

L'action de cette ronde est facile à comprendre. Deux jeunes filles, qui se tiennent les mains, représentent la tour; une autre est assise, qui représente le duc de Bourbon avec son fils, et entouré de ses gardes. On voit que les officiers défient la tour, qui répond avec mépris à ce défi. Elle ne succombe que quand le duc arrive lui-même.

AH! MON BEAU CHATEAU.

Ah! mon beau châ - teau, Ma tant' ti - re, li - re,

li - re. Ah! mon beau châ - teau, Ma tant' ti - re, li - re,

lo.   Le nôtre est plus beau, Ma tant' ti - re, li - re,

li-re Le nôtre est plus beau, Ma tant' ti - re, li - re, lo.

Ah! mon beau château,
Ma tant'tire, lire, lire.
Ah! mon beau château,
Ma tant'tire, lire, lo.

Le nôtre est plus beau.
Ma tant'tire, lire, lire.
Le nôtre est plus beau,
Ma tant'tire, lire, lo.

Nous le détruirons,
Ma tant' tire, lire, lire.
Nous le détruirons,
Ma tant' tire, lire, lo.

Laquell' prendrez-vous?
Ma tant' tire, lire, lire.
Laquell' prendrez-vous?
Ma tant' tire, lire, lo.

Celle que voici,
Ma tant' tire, lire, lire.
Celle que voici,
Ma tant' tire, lire, lo.

Que lui donn'rez-vous?
Ma tant' tire, lire, lire.
Que lui donn'rez-vous?
Ma tant' tire, lire, lo.

De jolis bijoux,
Ma tant' tire, lire, lire.
De jolis bijoux,
Ma tant' tire, lire, lo.

Nous en voulons bien,
Ma tant' tire, lire, lire.
Nous en voulons bien,
Ma tant' tire, lire, lo.

Les jeunes filles, en nombre égal, forment deux rondes qui chantent alternativement un des couplets. A ce vers : *Celle que voici*, le groupe qui chante en désigne une qui se détache quand on chante :

Nous en *voulons bien*, et l'on recommence le tout, jusqu'à ce qu'il ne reste plus qu'une jeune fille qui vient se mettre au milieu du cercle agrandi.

Il nous semble que ce refrain : *tire, lire, lire*, veut imiter le chant de l'alouette, comme dans ces poésies du seizième siècle :

> La gentille alouette, avec son tire, lire,
> Tire, lire, lirant, etc.

GENTIL COQUELICOT.

J'ai descen - du dans mon jar - din, J'ai des-cen -

du dans mon jar-din Pour y cueil-lir du ro-ma - rin.

Gen-til coqu'li-cot, Mesdames, Gentil coqu'li-cotNouveau.

J'ai descendu dans mon jardin (*bis*)
Pour y cueillir du romarin,
 Gentil coqu'licot,
  Mesdames,
 Gentil coqu'licot
  Nouveau.

Pour y cueillir du romarin (*bis*).
J' n'en avais pas cueilli trois brins
 Gentil coqu'licot,
  Mesdames,
 Gentil coqu'licot
  Nouveau.

J' n'en avais pas cueilli trois brins (*bis*),
Qu'un rossignol vient sur ma main,
  Gentil coqu'licot,
    Mesdames,
  Gentil coqu'licot
    Nouveau.

Qu'un rossignol vient sur ma main (*bis*);
Il me dit trois mots en latin,
  Gentil coqu'licot,
    Mesdames,
  Gentil coqu'licot
    Nouveau.

Il me dit trois mots en latin (*bis*),
Que les hommes ne valent rien,
  Gentil coqu'licot,
    Mesdames,
  Gentil coqu'licot
    Nouveau.

Que les hommes ne valent rien (*bis*),
Et les garçons encor bien moins,
  Gentil coqu'licot,
    Mesdames,
  Gentil coqu'licot
    Nouveau.

Et les garçons encor bien moins (*bis*);
Des dames il ne me dit rien,
  Gentil coqu'licot,
    Mesdames,
  Gentil coqu'licot
    Nouveau.

Des dames il ne me dit rien (*bis*),
Mais des d'moisell's beaucoup de bien,
Gentil coqu'licot,
Mesdames,
Gentil coqu'licot
Nouveau.

Cette ronde se chante seulement

LA MÈRE BONTEMPS.

La mè-re Bon-temps Di - sait aux jeu-nes fil-
let-tes : Dan-sez, mes en-fants, Tan-dis que vous ê-tes jeu-
net-tes; La fleur de gai-té, Passe a-vec l'é-
té. Au prin-temps, com-me la ro-se, Cueil-lez-
la dès qu'elle est é-clo-se. Dan-sez à quinze ans, Dan-
sez à quinze ans ; Plus tard, il n'est plus temps.

La mère Bontemps
Disait aux jeunes fillettes :
« Dansez, mes enfants,

Tandis que vous êtes jeunettes.
La fleur de gaîté
Passe avec l'été.
Au printemps, comme la rose,
Cueillez-la dès qu'elle est éclose.
Dansez à quinze ans;
Plus tard il n'est plus temps.

« Les jeux et les ris
Dansèrent à mon mariage;
Mais bientôt j'appris
Les soins qu'il faut en ménage.
Mon mari grondait,
Mon enfant criait,
Ne sachant auquel entendre,
Sous l'ormeau je courais me rendre.
Dansez à quinze ans;
Plus tard, il n'est plus temps.

« L'instant arriva
Où ma fille me fit grand'mère;
Quand on en est là,
Danser n'intéresse guère.
On tousse en parlant,
On marche en tremblant.
Au lieu de sauter la gavotte,
Dans un grand fauteuil on radote.
Dansez à quinze ans;
Plus tard, il n'est plus temps.

« Voyez les amours
Danser auprès de Louise;
Elle plait toujours,
Au bal elle est admise.

Comme moi souvent,
Sans cesse on l'entend
Redire à toutes les fillettes
Si jolies et si gentillettes :
« Dansez à quinze ans ;
« Plus tard, il n'est plus temps. »

On peut simplement danser cette ronde, ou bien
ajouter une petite pantomime à quelques passages,
en imitant le mari qui gronde, l'enfant qui crie, la
grand'mère qui tousse, etc. Il y a, sur le même air,
une petite chanson très-connue, dont nous ne sa-
vons qu'un couplet que voici :

Je n'peux pas danser,
Ma pantoufle est trop étroite ;
Je n'peux pas danser,
Parce que j'ai trop mal au pied.

GUILLERI.

Il é-tait un p'tit hom-me Qui s'app'lait Guil-le-
ri, Ca-ra-bi; Il s'en fut à la chas-se, A
la chasse aux per-drix, Ca-ra-bi; Ti - ti ca-ra-bi, Toto ca-ra-bo, Com-pè-re Guil-le-ri, Te lair ras-
tu, Te lair-ras-tu, Te lair ras-tu mou - ri?

Il était un p'tit homme
Qui s'app'lait Guilleri,
    Carabi;
Il s'en fut à la chasse,
A la chasse aux perdrix,
    Carabi,

Guilleri.

Titi carabi,
Toto carabo,
Compère Guilleri,
Te lairras-tu *(ter)* mouri ?

Il s'en fut à la chasse,
A la chasse aux perdrix,
    Carabi ;
Il monta sur un arbre
Pour voir ses chiens couri,
    Carabi,
  Titi carabi, etc.

Il monta sur un arbre
Pour voir ses chiens couri,
    Carabi ;
La branche vint à rompre
Et Guilleri tombi,
    Carabi,
  Titi carabi, etc.

La branche vint à rompre
Et Guilleri tombi,
    Carabi ;
Il se cassa la jambe,
Et le bras se démi,
    Carabi,
  Titi carabi, etc.

Il se cassa la jambe,
Et le bras se démi,
    Carabi ;
Les dam's de l'hôpital

Sont arrivé's au brui,
Carabi,
Titi carabi, etc.

Les dam's de l'hôpital
Sont arrivé's au brui,
Carabi;
L'une apporte un emplâtre,
L'autre de la charpi,
Carabi,
Titi carabi, etc.

L'une apporte un emplâtre,
L'autre de la charpi,
Carabi;
On lui banda la jambe,
Et le bras lui remi,
Carabi,
Titi carabi, etc.

On lui banda la jambe,
Et le bras lui remi,
Carabi;
Pour remercier ces dames,
Guill'ri les embrassi,
Carabi,
Titi carabi, etc.

LE CHEVALIER DU GUET.

Qu'est-c'qui passe i-ci si tard? Compagnons de la Mar-jo-

lai - ne. Qu'est-c'qui passe i - ci si tard? Des-sus le

Quelquefois on finit ainsi :

quai? Tard, gai, gai, des-sus le quai.

Qu'est-c' qui passe ici si tard,
Compagnons de la marjolaine?
Qu'est-c' qui passe, ici si tard,
Dessus le quai?

C'est le chevalier du guet,
Compagnons de la marjolaine.
C'est le chevalier du guet,
Dessus le quai.

Que d'mande le chevalier,
Compagnons de la marjolaine?
Que d'mande le chevalier,
Dessus le quai?

Une fille à marier,
Compagnons de la marjolaine.
Une fille à marier,
Dessus le quai.

N'y a pas de fille à marier,
Compagnons de la marjolaine.
N'y a pas de fille à marier,
Dessus le quai.

On m'a dit qu'vous en aviez,
Compagnons de la marjolaine.
On m'a dit qu'vous en aviez,
Dessus le quai.

Ceux qui l'ont dit s'sont trompés,
Compagnons de la marjolaine.
Ceux qui l'ont dit s'sont trompés,
Dessus le quai.

Je veux que vous m'en donniez,
Compagnons de la marjolaine.
Je veux que vous m'en donniez,
Dessus le quai.

Sur les onze heur's repassez,
Compagnons de la marjolaine.
Sur les onze heur's repassez,
Dessus le quai.

Les onze heur's sont bien passées,
Compagnons de la marjolaine.
Les onze heur's sont bien passées,
Dessus le quai.

Sur les minuit revenez,

Compagnons de la marjolaine.
  Sur les minuit revenez,
    Dessus le quai.

Les minuit sont bien sonnés,
Compagnons de la marjolaine.
  Les minuit sont bien sonnés,
    Dessus le quai.

Mais nos filles sont couchées,
Compagnons de la marjolaine.
  Mais nos filles sont couchées,
    Dessus le quai.

En est-il un' d'éveillée,
Compagnons de la marjolaine.
  En est-il un' d'éveillée,
    Dessus le quai.

Qu'est-c' que vous lui donnerez,
Compagnons de la marjolaine.
  Qu'est-ce que vous lui donnerez,
    Dessus le quai.

De l'or, des bijoux assez,
Compagnons de la marjolaine.
  De l'or, des bijoux assez,
    Dessus le quai.

Ell' n'est pas intéressée,
Compagnons de la marjolaine.
  Ell' n'est pas intéressée,
    Dessus le quai.

Mon cœur je lui donnerai,
Compagnons de la marjolaine.

Mon cœur je lui donnerai,
　　Dessus le quai.

En ce cas-là, choisissez,
Compagnons de la marjolaine,
　En ce cas-là choisissez,
　　Dessus le quai.

Un groupe de jeunes filles s'avance vers une de leurs compagnes qui est seule, et demande : *Qu'est-c'qui passe ici si tard?* l'autre répond par le second couplet, et ainsi jusqu'à la fin, où la jeune fille qui représente le *chevalier du guet* désigne une de ses compagnes du groupe. Celle-ci se sépare des autres, et elle s'enfuit avec celle qui était seule ; toutes les deux sont alors poursuivies par les autres.

Le *chevalier du guet* était l'officier qui commandait la garde chargée de la police de nuit à Paris dès les premiers temps de la monarchie.

LE PONT D'AVIGNON.

Sur le pont D'A - vi - gnon, L'on y
dan - se, l'on y dan - se, Sur le pont D'A-vi-
gnon, L'on y dan-se tous en rond. Les beaux messieurs
font comm' ça, Et puis encor comme ça. Sur le

Sur le pont
D'Avignon,
L'on y danse, l'on y danse,
Sur le pont
D'Avignon,
Tout le monde y danse en rond.

Les beaux messieurs font comm' ça (*bis*).

10

Sur le pont
D'Avignon, etc.

Les blanchisseuses font comm' ça (*bis*).

Sur le pont, etc.

On dit en dansant le premier couplet de cette ronde. On s'interrompt pour faire le métier que l'on veut imiter ; puis on reprend la danse avec ce couplet : *Sur le pont d'Avignon.* Les enfants pourront choisir les métiers qui leur plairont le mieux.

L'AVOINE.

A -voine, a-voine, a - voi- ne, Que le bon Dieu t'a

mè- ne. A-voine, avoine, a -voi - ne, Que le bon Dieu t'a -

mè-ne. Qui veut sa-voir Et qui veut voir Comment on

sè - me l'a - voi - ne? Mon pèr' la se-mait ain -

- si, Puis il se re-po-sait ain - si. A -

EN CHŒUR :

Avoine, avoine, avoine,
Que le bon Dieu t'amène.

Qui veut savoir
Et qui veut voir

Comment on sème l'avoine?
Mon pèr' la semait ainsi.

Une des jeunes filles de la ronde fait le geste de semer, que les autres imitent : ensuite elle se croise les bras en ajoutant :

Puis il se reposait ainsi.

CHŒUR.

Avoine, avoine, avoine,
Que le bon Dieu t'amène.

Qui veut savoir
Et qui veut voir
Comment on coupe l'avoine?
Mon pèr' la coupait ainsi,
Puis il se reposait ainsi.

CHŒUR.

Avoine, avoine, avoine,
Que le bon Dieu t'amène.

Qui veut savoir
Et qui veut voir
Comment on doit battre l'avoine?
Mon pèr' la battait ainsi,
Puis il se reposait ainsi.

CHŒUR.

Avoine, avoine, avoine,
Que le bon Dieu t'amène.

Qui veut savoir
Et qui veut voir

Comment on vanne l'avoine !
Mon père la vannait ainsi,
Puis il se reposait ainsi.

CHŒUR.

Avoine, avoine, avoine,
Que le bon Dieu t'amène.

On imite ainsi toutes les opérations de la moisson; puis on termine en disant : « Mon père la mangeait ainsi. »

On prononçait autrefois *aveine*, ce qui rendait la rime plus exacte.

SAVEZ-VOUS PLANTER DES CHOUX?

Sa - vez - vous plan-ter des choux, A la

mo - de, à la mo - de, Sa - vez - vous plan-ter des

choux, A la mo - de de chez nous?

Savez-vous planter des choux,
A la mode, à la mode,
Savez-vous planter des choux,
A la mode de chez nous?

On les plante avec le pied,
A la mode, à la mode,
On les plante avec le pied,
A la mode de chez nous.

Savez-vous planter des choux, etc.

On les plante avec la main,
A la mode, à la mode,

On les plante avec la main,
A la mode de chez nous.

Savez-vous planter des choux, etc.

On les plante avec le **doigt**,
A la mode, à la mode,
On les plante avec le doigt,
A la mode de chez nous.

Savez-vous planter des choux, etc.

On les plante avec le **nez**,
A la mode, à la mode,
On les plante avec le nez,
A la mode de chez nous.

Savez-vous planter des choux, etc.

On peut nommer ainsi l'oreille, le coude, les cheveux, le front, les genoux, etc., et il faut faire l'action de planter avec la partie désignée, à mesure que l'on chante.

LA MISTENLAIRE.

Di-tes nous, mes - sieurs, que sa -vez -vous fai -

re? Savez-vous jou - er de la misten-lai - re,

Lai-re, lai-re, lai - re,   De la mis-ten - lai - re?

Ah! Ah!   Ah! que sa - vez-vous fai - re?

P'tit bonhomm' que sais-tu donc faire?
Sais-tu jouer d'la mistenlaire?
> Laire, laire, laire,
> Laire, laire, laire.
Ah! ah! ah! que sais-tu donc faire?

P'tit bonhomm' que sais-tu donc faire?
Sais-tu jouer d'la mistenflûte,
> Flûte, flûte, flûte,
> Flûte, flûte, flûte,

De la mistenlaire,
Laire, laire, laire,
Ah! ah! ah! que sais-tu donc faire?

P'tit bonhomm' que sais-tu donc faire?
Sais-tu jouer d'la mistenviole?
Viole, viole, viole,
De la mistenflûte,
Flûte, flûte, flûte,
De la mistenlaire,
Laire, laire, laire.
Ah! ah! ah! que sais-tu donc faire?

P'tit bonhomm' que sais-tu donc faire
Sais-tu jouer de la mistentrompe?
Trompe, trompe, trompe,
De la mistenflûte,
Flûte, flûte, flûte,
De la mistenviole,
Viole, viole, viole,
De la mistenlaire,
Laire, laire, laire.
Ah! ah! ah! que sais-tu donc faire

On peut continuer en ajoutant au mot *misten* tous les noms d'instruments de musique que l'on veut.

Quand on dit *mistenlaire*, on agite en l'air les deux mains : pour *mistenflûte, mistenviole,* on imite la manière de jouer de ces différents instruments; enfin en disant : « Ah! ah! ah! » on tourne sur soi même en frappant trois fois dans ses mains.

BIRON[1].

Quand Bi - ron vou - lut dan - ser, Quand Bi -

ron vou-lut dan - ser, Sa per-ruqu' fit ap-por - ter, Sa per

ruqu' fit ap - por - ter, Sa per - ru-que à la

turque, Ses souliers tout ronds. Vous danse - rez, Bi - ron.

(On répète ces deux mesures autant de fois qu'il est nécessaire.)

Quand Biron voulut danser (*bis*),
Ses souliers fit apporter (*bis*),
Ses souliers tout ronds.
Vous danserez, Biron.

1. On prétend que cette ronde a été composée à l'occasion du supplice du maréchal de Biron, condamné, sous Henri IV, pour crime de haute trahison

Quand Biron voulut danser (*bis*),
Sa perruqu' fit apporter (*bis*),
    Sa perruque
    A la turque,
  Ses souliers tout ronds.
  Vous danserez, Biron.

Quand Biron voulut danser (*bis*),
Son habit fit apporter (*bis*),
    Son habit
    De p'tit-gris,
    Sa perruque
    A la turque,
  Ses souliers tout ronds,
  Vous danserez, Biron.

Quand Biron voulut danser (*bis*),
Sa veste fit apporter (*bis*),
    Sa bell' veste
    A paillettes,
    Son habit
    De p'tit gris,
    Sa perruque
    A la turque,
  Ses souliers tout ronds,
  Vous danserez, Biron.

Quand Biron voulut danser (*bis*),
Sa culott' fit apporter (*bis*),
    Sa culotte
    A la mode,
    Sa bell' veste
    A paillettes,
    Son habit

De p'tit gris,
Sa perruque
A la turque,
Ses souliers tout ronds,
Vous danserez, Biron.

Quand Biron voulut danser (*bis*),
Ses manchett's fit apporter (*bis*),
Ses manchettes
Fort bien faites,
Sa culotte
A la mode,
Sa belle veste
A paillettes,
Son habit
De p'tit gris,
Sa perruque
A la turque,
Ses souliers tout ronds,
Vous danserez, Biron.

Quand Biron voulut danser (*bis*),
Son chapeau fit apporter (*bis*),
Son chapeau
En clabot,
Ses manchette
Fort bien faites,
Sa culotte,
A la mode,
Sa bell' veste
A paillettes,
Son habit
De p'tit gris,
Sa perruque

A la turque,
Ses souliers tout ronds.
Vous danserez, Biron.

Quand Biron voulut danser (*bis*),
Son épé' fit apporter (*bis*),
Son épée
Affilée,
Son chapeau
En clabot,
Ses manchettes
Fort bien faites,
Sa culotte
A la mode,
Sa bell' veste
A paillettes,
Son habit
De p'tit gris,
Sa perruque
A la turque,
Ses souliers tout ronds.
Vous danserez, Biron.

Quand Biron voulut danser (*bis*),
Son violon fit apporter (*bis*),
Son violon,
Son basson,
Son épée,
Affilée,
Son chapeau
En clabot,
Ses manchettes
Fort bien faites,
Sa culotte

A la mode,
Sa bell' veste
A paillettes,
Son habit
De p'tit gris,
Sa perruque
A la turque,
Ses souliers tout ronds.
Vous danserez, Biron.

RAMÈNE TES MOUTONS, BERGÈRE.

La plus ai-mable à mon gré. Je vais
vous la pré-sen-ter. Nous lui f'rons pas-ser bar-
riè-re. Ra-mèn' tes mou-tons, ber-gè-re, Ra-mèn',
ra-mèn', ra-mèn' donc Tes mou-tons à la mai-son.

La plus aimable à mon gré (*bis*),
Je vais vous la présenter (*bis*).
Nous lui f'rons passer barrière.
Ramèn' tes moutons, bergère.
Ramèn', ramèn', ramèn' donc
Tes moutons à la maison (*bis*).

La jeune fille qui dirige la ronde chante seule les deux premiers vers ; puis elle quitte la main de sa

voisine(alors la ronde doit s'arrêter), et s'adressant à
la compagne qu'elle a quittée, elle se place vis-à-vis
d'elle, et l'engage à passer sous l'arc qu'elle forme
avec son autre voisine, en élevant le bras. La jeune
fille à qui l'on s'adresse doit passer suivie de toutes
les autres, qui reviennent former le rond, en chantant le refrain : *Ramèn' les moutons,* etc.

J'AIMERAI QUI M'AIME.

Mettez-vous à genoux, Mettez-vous à genoux, Mettez-vous y encore un coup, A-fin que
l'on vous ai - me. Ah! j'aime-rai, j'aime-rai, j'ai-me-
rai Ah! j'ai-me-rai qui m'ai - me!

Mam'selle, entrez chez nous (*bis*),
Mam'selle, entrez encore un coup,
Afin que l'on vous aime;
Ah! j'aimerai, j'aimerai, j'aimerai,
Ah! j'aimerai qui m'aime.

Une ami' choisissez vous (*bis*),
Choisissez-la encore un coup,
Afn que l'on vous aime;

Ah! j'aimerai, j'aimerai, j'aimerai,
Ah! j'aimerai qui m'aime.

Mettez-vous à genoux (*bis*),
Mettez-vous y encore un coup,
Afin que l'on vous aime ;
Ah! j'aimerai, j'aimerai, j'aimerai,
Ah! j'aimerai qui m'aime.

Faites-nous les yeux doux (*bis*).
Faites-nous-les encore un coup,
Afin que l'on vous aime ;
Ah! j'aimerai, j'aimerai, j'aimerai,
Ah! j'aimerai qui m'aime.

Et puis embrassez-nous (*bis*),
Embrassez-nous encore un coup,
Afin que l'on vous aime ;
Ah! j'aimer i, j'aimerai, j'aimerai,
Ah! j'aimerai qui m'aime.

Revenez parmi nous (*bis*),
Revenez-y encore un coup,
Afin que l'on vous aime ;
Ah! j'aimerai, j'aimerai, j'aimerai,
Ah! j'aimerai qui m'aime.

Une jeune fille, placée au milieu du cercle, fait
ce que lui indiquent les paroles de la ronde.

FAUT QUE LE MAL CÈDE.

Sur l'air de *la Boulangère.*

Donn'-moi ton bras que j'te gué - risse, Car tu m'as

l'air ma-la - de, Donn'-moi ton bras que j'te guè -

risse, Car tu m'as l'air ma-la - de, Car

tu m'as l'air ma - la-de, Lon la, Car tu m'as l'air ma -

la-de, Lon la. Car tu m'as l'air ma-la - de.

Donn' moi ton bras que j' te guérisse,
Car tu m'as l'air malade,
Lon la,
Car tu m'as l'air malade.

Cueille la plante que voilà,
C'est un fort bon remède,
C'est un fort bon remède,
Lon la,
Il faut que le mal cède.

Danse sur le pied que voilà,
C'est un fort bon remède,
C'est un fort bon remède,
Lon la,
Il faut que le mal cède.

Frotte bien l'œil que voilà,
C'est un fort bon remède,
C'est un fort bon remède,
Lon la,
Il faut que le mal cède.

Mon baiser te redressera,
C'est un fort bon remède,
C'est un fort bon remède,
Lon la,
Il faut que le mal cède.

Dans cette ronde, chacune des jeunes filles simule une infirmité, et celle qui dirige la ronde, en chantant, doit trouver un remède à cette infirmité, jusqu'au couplet de la *Bossue*, qui termine la ronde.

LA BONNE AVENTURE.

Je suis un pe- tit pou - pon De bel - le fi - gu -
re, Qui ai - me bien les bon-bons Et les con - fi - tu -
res ; Si vous voulez m'en don-ner, Je sau- rai bien les manger. La bonne aventure, oh ! gai ! La bonne aventu - re.

Je suis un petit poupon
De belle figure,
Qui aime bien les bonbons
Et les confitures ;
Si vous voulez m'en donner,
Je saurai bien les manger.
La bonne aventure,
Oh ! gai !
La bonne aventure.

Lorsque les petits garçons
    Sont gentils et sages,
On leur donne des bonbons,
    De joli's images ;
Mais quand ils se font gronder,
C'est le fouet qu'il faut donner.
    La triste aventure,
        Oh ! gai !
    La triste aventure.

Je serai sage et bien bon,
    Pour plaire à ma mère ;
Je saurai bien ma leçon,
    Pour plaire à mon père,
Je veux bien les contenter,
Et s'ils veulent m'embrasser,
    La bonne aventure,
        Oh ! gai !
    La bonne aventure.

Nous n'aurions peut-être pas donné une place à cette ronde très-enfantine, si elle ne rappelait un vieil air sur lequel on a composé diverses chansons. Il paraît que la plus ancienne de ces chansons fut chantée par Antoine de Navarre, duc de Vendôme, qui résidait au château de la Bonnaventure, près le Gué-du-Loir ; d'après cela, le refrain devrait être ainsi écrit : *La bonne aventure au gué :* et non *Oh ! gai !* comme on le trouve souvent.

LA MARGUERITE.

Où est la Margue-ri-te? Oh! gai! oh! gai! oh!

gai! Où est la Margue-ri - te? Oh! gai! franc ca-va - lier

Où est la Marguerite?
Oh! gai! oh! gai! oh! gai!
Où est la Marguerite?
Oh! gai! franc cavalier.

Elle est dans son château,
Oh! gai! etc.
Elle est dans son château,
Oh! gai! franc cavalier.

Ne peut-on pas la voir?
Oh! gai! etc.
Ne peut-on pas la voir?
Oh! gai! franc cavalier.

Les murs en sont trop hauts,

Oh! gai! etc.
Les murs en sont trop hauts,
Oh! gai! franc cavalier.

J'en abattrai un' pierre,
Oh! gai! etc.
J'en abattrai un' pierre.
Oh! gai! franc cavalier.

Un' pierr' ne suffit pas,
Oh! gai! etc.
Un' pierr' ne suffit pas,
Oh! gai! franc cavalier.

J'en abattrai deux pierres,
Oh! gai! etc.
J'en abattrai deux pierres,
Oh! gai! franc cavalier.

Deux pierr's ne suffisent pas,
Oh! gai! etc.
Deux pierr's ne suffisent pas,
Oh! gai! franc cavalier.

J'en abattrai trois pierres,
Oh! gai! etc.
J'en abattrai trois pierres,
Oh! gai! franc cavalier.

Trois pierr's ne suffisent pas,
Oh! gai! etc.
Trois pierr's ne suffisent pas,
Oh! gai! franc cavalier.

On continue ainsi autant qu'il y a de jeunes
filles. Toutes les jeunes filles, à l'exception d'une,
forment un groupe. Elles ont au milieu d'elles une
de leurs compagnes dont elles tiennent la robe relevée, comme une cloche renversée. *Le franc cava-*
lier s'avance en chantant le premier couplet. Les
autres répondent par le suivant, et ainsi jusqu'au
cinquième : *J'en abattrai un' pierre.* Il emmène alors
une des jeunes filles, et autant qu'il y en a autour
de la Marguerite, autant de fois il enlève une pierre.
Quand il n'y en a plus qu'une, qui tient à elle seule
la robe de la Marguerite, le franc cavalier s'avance
sans chanter et dit : *Qu'y a-t-il là dedans?* On répond : *Un petit paquet de linge à blanchir.* Il reprend :
Je vais chercher mon couteau pour le couper. Alors
on lâche la robe, la Marguerite s'enfuit et toutes
courent après elle.

Cette ronde naïve est évidemment issue de celle
qui célébrait *Ogier le Danois :*

> Qui est dans ce château?
> Ogier! Ogier! Ogier!
> Qui est dans ce château?
> Beau chevalier.

Pendant la disgrâce et la captivité d'Ogier le Danois, Charlemagne avait menacé d'une mort hon-
teuse quiconque prononcerait devant lui le nom
d'Ogier. Trois cents cavaliers se donnent alors le

mot ; ils viennent devant le palais de Charlemagne
crier, comme d'une seule voix : *Ogier ! Ogier ! Ogier !*
et Charlemagne, n'osant punir la fleur de la cheva-
lerie, aime mieux céder et pardonner à Ogier.

MEUNIER, TU DORS.

Meu - nier, tu dors! Ton mou-lin va trop

vi-te. Meu-nier, tu dors! Ton mou-liu va trop fort.

Meunier, tu dors !
Ton moulin (*bis*) va trop vite.
Meunier, tu dors !
Ton moulin (*ter*) va trop fort.

Les jeunes filles se divisent en deux bandes, formant un cercle. Les deux premières jeunes filles en tête de chaque bande se regardent et sont suivies chacune d'un nombre égal de leurs compagnes. Ces deux premières se donnent d'abord la main droite, puis se quittent en avançant en sens contraire, et prennent de la main gauche la main gauche de celle qui suit, et ainsi de suite la main droite et la main gauche alternativement, mouvement qui est successivement exécuté par chacune d'elles sur les paroles de la ronde, dont on accélère peu à peu le mouvement.

LA VIEILLE.

A Paris, dans une ronde
Composé' de jeunes gens,
Il se trouva une vieille,
Qui avait quatre-vingts ans,

Oh! la vieille, la vieille, la vieille,
Qui croyait avoir quinze ans.

Il se trouva une vieille.
Qui avait quatre-vingts ans.
Elle choisit le plus jeune,
Qui était le plus galant.

Oh! la vieille, etc.

Elle choisit le plus jeune,
Qui était le plus galant.
Va-t'en, va-t'en bonne vieille,
Tu n'as pas assez d'argent.

Oh! la vieille, etc.

Va-t'en, va-t'en, bonne vieille,
Tu n'as pas assez d'argent.
Si vous saviez c' qu'a la vieille,
Vous n'en diriez pas autant.

Oh! la vieille, etc.

Si vous saviez c' qu'a la vieille,
Vous n'en diriez pas autant.
Dis-nous donc ce qu'a la vieille?
Elle a cent tonneaux d'argent.

Oh! la vieille, etc.

Dis-nous donc ce qu'a la vieille?
Elle a cent tonneaux d'argent.
Reviens, reviens, bonne vieille,
Reviens ici promptement.

Oh! la vieille, etc.

Reviens, reviens, bonne vieille,
Reviens ici promptement.

On alla chez le notaire :
Mariez-nous cette enfant.

Oh ! la vieille, etc.

On alla chez le notaire :
Mariez-nous cette enfant.
Cette enfant, dit le notaire,
Elle a bien quatre-vingts ans.

Oh ! la vieille, etc.

Cette enfant, dit le notaire,
Elle a bien quatre-vingts ans.
Aujourd'hui le mariage,
Et demain l'enterrement.

Oh ! la vieille, etc.

Aujourd'hui le mariage,
Et demain l'enterrement.
On fit tant sauter la vieille,
Qu'elle est morte en sautillant.

Oh ! la vieille, etc.

On fit tant sauter la vieille,
Qu'elle est morte en sautillant.
On regarde dans sa bouche,
Ell' n'avait plus que trois dents.

Oh ! la vieille, etc.

On regarde dans sa bouche,
Ell' n'avait plus que trois dents ·
Une qui branle, un' qui hoche,
Une qui s'envole au vent.

Oh ! la vieille, etc.

Une qui branle, un' qui hoche,
Une qui s'envole au vent.
On regarde dans sa poche,
Ell' n'avait qu'trois liards d'argent.

Oh! la vieille, etc.

On regarde dans sa poche,
Ell' n'avait qu'trois liards d'argent.
Oh! la vieille, la vieille, la vieille,
Qui avait trompé l' galant.

MON PÈRE M'A DONNÉ UN MARI.

Mon pèr' m'a don-né un ma - ri, Mon Dieu! quel homm'!quel pe - tit hom-me! Mon pèr'm'a don - né un ma- ri, Mon Dieu! quel homm',qu'il est pe - tit!

Mon pèr' m'a donné un mari,
Mon Dieu! quel homm'! quel petit homme
Mon pèr' m'a donné un mari,
Mon Dieu! quel homm'! qu'il est petit!

Je le perdis dans mon grand lit,
Mon Dieu! quel homm'! quel petit homme!
Je le perdis dans mon grand lit,
Mon Dieu! quel homm'! qu'il est petit!

J'pris la chandelle et le cherchis,
Mon Dieu! quel homm'! quel petit homme!
J'pris la chandelle et le cherchis,
Mon Dieu! quel homm'! qu'il est petit!

A la paillasse le feu prit,
Mon Dieu! quel homm'! quel petit homme!
A la paillasse le feu prit,
Mon Dieu! quel homm'! qu'il est petit!

Je trouvai mon mari rôti,
Mon Dieu! quel homm'! quel petit homme!
Je trouvai mon mari rôti,
Mon Dieu! quel homm'! qu'il est petit!

Sur une assiette je le mis,
Mon Dieu! quel homm'! quel petit homme!
Sur une assiette je le mis,
Mon Dieu! quel homm'! qu'il est petit!

Le chat l'a pris pour un' souris,
Mon Dieu! quel homm'! quel petit homme!
Le chat l'a pris pour un' souris,
Mon Dieu! quel homm'! qu'il est petit!

Au chat! au chat! C'est mon mari,
Mon Dieu! quel homm'! quel petit homme!
Au chat! au chat! C'est mon mari,
Mon Dieu! quel homm'! qu'il est petit!

Fillettes qui prenez mari,
Mon Dieu! quel homm'! quel petit homme!
Fillettes qui prenez mari,
Ne le prenez pas si petit.

RICHE ET PAUVRE.

Ri-che, ri-che que je suis, Se - rai - je tou-jours

ri-che? Je ma-rie-rai mes fil-les, A - vec-que cinq cents

li-vres; Et mes pau-vres gar-çons, A - vec cent coups d'bâ-

- ton. Pauvre, pau-vre que je suis, Se - rai-je tou-jours

pau - vre? Mam - zell' se -ra des nô - tres.

Riche, riche que je suis,
Serai-je toujours riche?

Je marierai mes filles,
Avecque cinq cents livres :

Et mes pauvres garçons,
Avec cent coups d' bâton.

Pauvre, pauvre que je suis,
Serai-je toujours pauvre?
Mamzell' sera des nôtres.

Dans cette ronde plus que naïve, les jeunes filles se mettent toutes d'un côté, à l'exception d'une seule, qui représente le pauvre. Les premières s'avancent en disant le premier couplet. Lorsque c'est au tour du pauvre à parler, celle qui est seule s'avance en portant son mouchoir ou sa robe à ses yeux comme pour essuyer ses larmes, et elle va prendre une de celles du groupe, ainsi de suite jusqu'à la dernière qui, restée seule, chante le couplet du pauvre, pendant que le groupe nouvellement formé reprend celui du riche.

LE RAT DE VILLE ET LE RAT DES CHAMPS.

Au-tre-fois le rat   de vil-le ln - vi-ta le rat des
champs,   D'u - ne fa-çon fort   ci - vi - le,   A
des re-liefs d'or - to - lans.   Sur un ta-pls de Turqui-e
Le con-vert se trou-va mis :   Je laisse à peu-ser
la vi - e Que   fi rent les deux a - mis.

Nous avons vu danser en rond par des jeunes
filles la fable de la Fontaine, « le Rat de ville et le
Rat des champs. » Elles peuvent la mettre en action
selon les paroles, que nous rapportons ici, pour
celles qui ne s'en souviendraient pas.

> Autrefois le rat de ville
> Invita le rat des champs,

une façon fort civile,
A des reliefs d'ortolans.

Sur un tapis de Turquie
Le couvert se trouva mis.
Je laisse à penser la vie
Que firent les deux amis.

Le régal fut fort honnête,
Rien ne manquait au festin :
Mais quelqu'un troubla la fête
Pendant qu'ils étaient en train.

A la porte de la salle
Ils entendirent du bruit;
Le rat de ville détale;
Son camarade le suit.

Le bruit cesse, on se retire;
Rats en campagne aussitôt;
Et le citadin de dire :
« Achevons tout notre rôt.

— C'est assez, dit le rustique;
Demain vous viendrez chez moi,
Ce n'est pas que je me pique
De tous vos festins de roi.

« Mais rien ne vient m'interrompre,
Je mange tout à loisir.
Adieu donc, Fi du plaisir
Que la crainte peut corrompre! »

CHANSON DE LA MARIÉE.

Nous som - mes v'nus ce soir. Du
fond de nos bo - ca - ges, Vous fai - re com-pli - ment De
vo - tre ma-ri - a - ge; A mon - sieur votre é -
poux Aus - si bien comme à vous.

Nous sommes v'nus ce soir,
Du fond de nos bocages,
Vous faire compliment,
De votre mariage,
A monsieur votre époux,
Aussi bien comme à vous.

Vous voilà donc liée
Madame la mariée (*bis*),
Avec un lien d'or
Qui ne déli' qu'à la mort.

Avez-vous bien compris
C' que vous a dit le prêtre?
A dit la vérité,
Ce qu'il vous fallait être;
Fidèle à votre époux
Et l'aimer comme vous.

Quand on dit son époux,
Souvent on dit son maître;
Ils ne sont pas toujours
Doux comme ont promis d'être :
Car doux ils ont promis
D'être toute leur vie.

Vous n'irez plus au bal,
Madame la mariée :
Vous n'irez plus au bal,
A nos jeux d'assemblées;
Vous gard'rez la maison,
Tandis que nous irons.

Quand vous aurez chez vous
Des bœufs, aussi des vaches,
Des brebis, des moutons,
Du lait et du fromage,
Il faut, soir et matin,
Veiller à tout ce train.

Quand vous aurez chez vous
Des enfants à conduire,
Il faut leur bien montrer
Et bien souvent leur dire

Car vous seriez tous deux
Coupables devant Dieu.

Si vous avez chez vous
Quelques gens à conduire,
Vous veillerez sur eux ;
Qu'ils aillent à confesse,
Car un jour devant Dieu,
Vous répondrez pour eux.

Recevez ce gâteau
Que ma main vous présente.
Il est fait de façon
A vous faire comprendre
Qu'il faut pour se nourrir,
Travailler et souffrir.

Recevez ce bouquet
Que ma main vous présente.
Il est fait de façon
A vous faire comprendre
Que tous les vains honneurs
Passent comme les fleurs.

La chanson de la mariée est un exemple de ces
rondes qui se rattachent à une coutume locale avec
toute la grâce naïve des anciennes traditions. Celle-
ci se chante aux noces bretonnes et n'a subi aucun
changement depuis le temps de Mme de Sévigné,
qui l'écoutait avec plaisir. Les jeunes filles viennent
offrir un gâteau et des bouquets à la mariée, en lui

donnant les conseils sérieux quis'appliquentàson
nouvel état. Nous croyons que cette ronde pourrait
encore s'ajouter à celles que dansent habituellement nos enfants.

QUATRIÈME PARTIE.

JEUX D'ESPRIT.

———

PIGEON VOLE.

Nous nous adressons d'abord au plus petit enfant, « à tout seigneur tout honneur, » pour lui expliquer le plus simple de tous les jeux d'esprit. Approchez, petite fille, si vous savez marcher ; mettez le bout de votre doigt à côté du mien, sur mon genou, et levez-le quand je lève le mien et que je dis : *Pigeon vole.*

Faites bien attention, car je compte vous attraper. Il ne faut lever votre doigt que quand je nomme un oiseau, tandis que moi je lève toujours le mien. Si votre doigt suit l'impulsion que je lui ai transmise, et se lève quand je dis : *Mouton vole,* vous devez un gage. C'est plus difficile qu'on ne pense. Il y a quelquefois de grands débats sur l'espèce de certains animaux. Nous décidons ici, pour éviter toute contestation, qu'on peut ranger parmi les oiseaux les hippogriffes, les poissons volants, les insectes qui ont des ailes, etc., la chauve-souris, également, malgré son double caractère qui lui fait dire alternativement :

Je suis oiseau ; voyez mes ailes.

, ... •

Je suis souris ; vive les rats !

LE CORBILLON.

Ce jeu est un de ceux qui plaisaient à nos aïeux, et il a un air de bonhomie et de simplicité qui doit nous toucher. Le mot *corbillon*, qui signifiait une petite corbeille, n'est plus d'usage dans la langue moderne ; mais il peut faire supposer que dans l'origine les joueurs se passaient le corbillon de main en main. A présent, on prend n'importe quel objet, et on le donne à son voisin en disant : *Je vous vends mon corbillon*. Le voisin demande : *Qu'y met-on ?* On doit répondre en rimant en *on* par un mot qu'il faut tenir tout prêt, comme *un bonbon*, *une chanson*, etc., puis le corbillon passe à un autre jusqu'à ce qu'il ait fait le tour du cercle. Si on préfère une rime en *ette*, on peut dire : *Je vous vends ma cassette*, demander *Que voulez-vous qu'on y mette ?* répondre un mot comme *une allumette*, *une pincette*, etc. ; mais c'est une variété qui ajoute peu d'intérêt à ce jeu. On donne un gage si on oublie la rime, ce qui nous paraît

Pigeon vole.

assez difficile, et cette méprise serait assurément
l'excès de la naïveté, comme dans ces vers si connus de Molière :

>.... S'il faut qu'avec elle on joue au corbillon,
> Et qu'on vienne à son tour lui dire : « Qu'y met-on ? »
> Je veux qu'elle réponde : « Une tarte à la crème. »

COMMENT L'AIMEZ-VOUS ?

Sans être bien compliqué, ce jeu peut commencer la série des amusements dans lesquels l'esprit
est appelé à jouer déjà un certain rôle. Il se rattache à certaines connaissances de grammaire qui
ne sont sans doute pas chose nouvelle pour la
plupart de nos jeunes lectrices, et qu'il nous suffira, dans tous les cas, de rappeler par quelques
courtes explications.

On choisit un mot parmi les *homonymes*, c'est-
à-dire parmi les mots qui sonnent de même quoiqu'ayant un sens différent. On peut choisir soit un
homonyme qui a plusieurs acceptions, mais dont
l'orthographe ne varie pas comme *fraise, son,
voile, livre, glace*, soit des homonymes qui se pro-
noncent à peu près de la même manière, mais
dont l'orthographe est différente, tels que *mer,
mère, maire;* ou *vert, verre, ver, vers;* ou bien encore *chant, champ.* Les premiers homonymes doivent être préférés dans le jeu dont il est ici ques-

tion. Prenons pour exemple le mot *voile,* qui a plusieurs significations.

Une des jeunes filles, qui doit deviner, et par conséquent ignorer le mot qui a été choisi par ses compagnes, se présente au milieu d'elles, et leur adresse successivement la question suivante : *Comment l'aimez-vous?* Il faut que chacune, dans sa réponse, fasse allusion à une des propriétés du mot qui a été choisi. Par exemple, si c'est le mot *voile,* l'une dira : « Je l'aime *en dentelle ;* » une autre répondra : « Je l'aime *sur un navire,* etc. »

Le jeu se jouera de la même manière avec les homonymes de la seconde espèce. Ainsi, en prenant pour exemple les mots *vert, verre, ver, vers,* les jeunes personnes interrogées peuvent faire les réponses suivantes à la première question : « Je l'aime *transparent, en cristal, à pied* (en parlant d'un verre à boire); je l'aime en *rubans de chapeau* (en parlant de la couleur verte); je l'aime *à la façon de Racine* (en parlant des vers, poésies, etc.) » Ces exemples, que nous choisissons très-simples, peuvent être plus ingénieux, de manière à embarrasser la personne qui questionne, en lui représentant un emploi toujours différent, mais toujours juste du même mot. Il nous souvient qu'en jouant ce jeu, on avait choisi le mot *toit, toi.* On adressa la question d'usage à une personne qui répondit : « Je l'aime mieux que *vous.* » Il y avait là une équivoque assez délicate et qui peut donner une idée de la manière dont on peut quelquefois rendre le jeu plus intéressant.

Au deuxième tour, si le mot n'est pas deviné, la question change, et la jeune fille qui est chargée de deviner dit, en s'adressant à chacune de ses compagnes : *Qu'en faites-vous?* Chacune d'elles donne sa réponse, et si la questionneuse ne réussit pas mieux que la première fois, on passe à un troisième tour par la question suivante : *Où le mettez-vous?* Il faut, autant que possible, que chacune des personnes conserve, en répondant, l'acception qu'elle a donnée au mot dans ses précédentes réponses. Celle qui a laissé deviner se retire à son tour pour venir ensuite dans le cercle interroger et chercher à deviner lorsque la société a fait choix d'un nouveau mot. On peut donner des gages, soit lorsque, de l'avis général, on a fait une mauvaise réponse, soit lorsqu'on a fait les trois tours sans deviner le mot. On dit alors vulgairement : *Je jette* ou *je donne ma langue aux chiens*, vieille expression consacrée par l'usage, et que de bons écrivains n'ont pas dédaigné d'employer familièrement. Nous croyons qu'on sera bien aise de trouver ici quelques homonymes dont on pourra se servir.

Homonymes de la première espèce.

Air.   *Mousse.*

                            Mule.

Carreau.   Soufflet.

Dé.   Son.

Fraise.   Souris.

Glace.   Voile.

Livre.

Homonymes de la seconde espèce.

Aléne... Haleine.	Gaz...... Gaze.
Amande Amende.	Héraut.. Héros.
Ancre. . Encre.	Lait ..... Laie. Laid. Lai.
Bal...... Balle.	Luth .... Lutte.
Balai... Ballet.	Maire ... Mer. Mère.
Chant... Champ.	Maitre .. Mètre.
Cane.. . Canne.	Mante... Menthe.
Canot... Canaux.	Pan...... Paon.
Chaire.. Chair. Chère. Cher.	Palais... Palet.
Cellier .. Sellier.	Peau .... Pot. Pau (ville).
Cerf..... Serre. Serf.	Pain..... Pin.
Chaine . Chêne.	Poids.... Pois. Poix.
Cire..... Sire.	Reine ... Rêne. Renne.
Cœur.... Chœur.	Saut..... Sceau. Scau. Sot.
Compte. Comte. Conte.	Tan ..... Temps.
Cygne.. Signe.	Tante... Tente.
Écot .... Écho.	Th n .... Ton. Taon.
Faite.... Fête.	Toi...... Toit.
Fard.... Phare.	Van ..... Vent.
Foi..... Foie.	Vin...... Vingt.

J'AIME MON AMI PAR A.

Ce jeu est le premier d'une série de jeux dans
lesquels toutes les lettres de l'alphabet jouent un
rôle à leur tour. Il n'y a rien à deviner. Chaque

jeune fille dit successivement la formule dont nous allons donner un exemple, et si elle fait quelque erreur, ou qu'elle ne puisse trouver un mot qui s'applique bien, elle paye un gage. Elle en paye également un si elle répète un mot qui ait déjà été dit.

Voici l'exemple que l'on peut varier à l'infini : « J'aime mon ami par A, parce qu'il est amusant ; je le nourris d'amandes ; je l'envoie à Alençon, je lui donne un agneau et je lui fais un bouquet d'anémones. »

On voit que chaque mot exprimant une qualité, un présent, etc., doit commencer par la lettre A. Lorsque cette lettre paraît épuisée, on peut passer à la lettre B, et ainsi de suite, en supprimant toutefois les lettres K, X, Y, et Z, comme trop difficiles.

L'AMOUR.

La jeune fille qui dirige ce jeu s'assied seule en face de ses compagnes assises toutes sur une même ligne. Elle les appelle l'une après l'autre. Celle qui est appelée s'arrête devant la maîtresse du jeu, qui lui dicte le rôle qu'elle devra figurer en lui disant :

Viens, amour, et sois affable,
Viens, amour, et sois boudeur,
Viens, amour, et sois colère, etc.

Elle indiquera à chacune son caractère, en suivant l'ordre des lettres de l'alphabet. L'amour doit en entendant cet ordre, figurer par ses gestes et son attitude le rôle qui lui est indiqué ; ensuite il va se placer à côté de celle qui préside et devient spectateur des autres petites scènes, à moins qu'il ne soit convenu que l'on recommencera plusieurs tours, ce qui a lieu lorsque la compagnie n'est pas nombreuse, ou que le jeu amuse assez pour le continuer jusqu'à Z.

LE LOGEMENT.

Chaque jeune fille prend une lettre de l'alphabet et là-dessus on forme tous les mots nécessaires au récit d'un voyage. Quand cela est fait, la maîtresse du jeu demande à celle qui a choisi l'A : *Comment vous appelez-vous?* Il faut qu'elle réponde *Annette,* ou *Aline,* ou bien un nom d'homme commençant par la lettre choisie, si c'est ainsi convenu, et ensuite un surnom à son choix qui commence par la même lettre. On lui demande ensuite : *D'où venez-vous?* Elle répond : *d'Amiens* ou *d'Arras,* etc. Il faut répondre de la même manière pour dire l'enseigne de l'auberge où on a logé, le nom de l'hôte, celui de l'hôtesse, celui de la servente, les mets qu'on a mangés ; on peut multiplier les questions pour rendre le jeu plus difficile, en

demandant au voyageur le nom des arbres qui
étaient dans le lieu d'où il vient, les médicaments
qu'on a donnés à un malade ; les armes dont on
s'est servi dans une bataille, le vêtement que l'on
portait, etc. Les réponses doivent être faites, autant que possible, dans le sens de la question, et
il faut tâcher d'y mettre un peu d'intérêt.

PROVERBES, SENTENCES OU DEVISES.

On a inventé un jeu qui rentre dans la classe des
précédents, en récitant un proverbe ou telle autre
petite phrase courte et connue, qui soit d'un usage
assez répandu pour qu'il ne soit pas possible d'y
susbtituer une phrase improvisée. Chacune des
jeunes filles prend une lettre de l'alphabet, et doit,
quand celle qui dirige le jeu l'interpelle, répondre
par une sentence commençant par la lettre qu'elle
a choisie. Par exemple, pour la lettre A, on peut
dire : *A bon chat bon rat ; à l'œuvre on connaît l'ou-
vrier ; a beau mentir qui vient de loin*, etc. Pour la
lettre B, on dira : *Bon sang ne peut mentir ; bonne
renommée vaut mieux que ceinture dorée*, etc. Nous ne
multiplions pas les exemples, parce qu'il vaut
mieux que chacun se donne la peine de chercher
ce qu'il dira. Ce jeu est assez difficile, mais il
exerce la mémoire.

Un autre jeu *des proverbes* se joue de cette ma-

nière : On choisit, pour le faire deviner, un proverbe dont chacun prend un mot, qu'il doit placer
dans sa réponse à la personne qui l'interroge. Ainsi,
par exemple, si l'on prend le proverbe ; *Chat échaudé
craint l'eau froide*, la première personne prend le
mot *chat;* la seconde, le mot *échaudé;* la troisième,
craint, et ainsi de suite. Si le proverbe est trop long
pour le nombre des personnes qui forment le jeu,
chacun prend deux mots, en ayant soin d'en prévenir le patient qui devine. Il faut, dans la réponse
que l'on fait, placer le mot avec assez d'art pour
qu'il ne puisse être facilement deviné.

LE MOT CACHÉ.

La jeune fille qui doit deviner sort de la chambre; les autres choisissent un mot simple et d'un
emploi fréquent; par exemple : *comme, si, un, pas.*
Ce mot doit se trouver renfermé dans les réponses
que l'on fera aux questions de celle qui devine.
Quand elle revient et qu'elle a fait sa question, elle
doit bien observer le retour du même mot dans
chacune des réponses qui lui sont faites. Celle qui
fait deviner, en employant le mot maladroitement
ou en le faisant trop remarquer, ira deviner à son
tour.

Nous avons pensé que, pour faciliter l'intelligence de certains jeux un peu compliqués, il serait

à propos de les présenter sous forme de dialogues, et nous aurons recours à cet expédient toutes les fois que nous le jugerons nécessaire. Nous supposons sept jeunes filles réunies pour ce jeu. Elles se nomment Émilie, Henriette, Louise, Marie, Mathilde, Héloïse et Juliette. C'est Émilie qui sort pendant que les autres vont chercher un mot

MARIE. Quel mot choisissons-nous?

LOUISE. Le mot *amitié*, ou bien *crainte*.

HÉLÈNE. Non, non; il serait trop facile à deviner. Prenons le mot *bien*.

TOUTES. Oui, *bien*. Viens, Émilie. (*Émilie rentre.*)

ÉMILIE. Marie, as-tu été te promener ce matin?

MARIE. Oui, et la promenade était bien agréable

ÉMILIE. Louise, aimes-tu les pêches?

LOUISE. Oui, j'aime bien les pêches, mais je préfère les groseilles.

ÉMILIE. Mathilde, quel livre lis-tu en ce moment?

MATHILDE. Je lis *Hélène*, par miss Edgeworth, et j'aime bien le caractère d'Hélène.

ÉMILIE. Henriette, est-ce toi qui as brodé ce col?

HENRIETTE. Non, ce n'est pas moi, parce que je ne brode pas assez bien.

ÉMILIE. Je n'irai pas plus loin, le mot est *bien*. C'est Henriette qui m'a fait deviner. (*Henriette sort*

Nous ne continuons pas, parce que le jeu nous paraît suffisamment expliqué. Nous allons le rem-

placer par un autre qui lui ressemble beaucoup,
mais qui est un peu plus difficile et plus amusant.

RÉPONSE EN UNE PHRASE.

Nous nous servons encore du même procédé pour
rendre notre explication plus claire. Une jeune fille
va deviner. Cette fois, c'est Louise. Chacune donne
un mot à sa compagne, qui est obligée de faire
entrer ce mot dans sa réponse, quelle que soit la
question qu'on lui adresse.

ÉMILIE. Juliette, je te donne le mot *crocodile*.

JULIETTE. Et moi je donne à Marie le mot *enchanteur*.

MARIE. Je donne à Hélène le mot *baromètre*.

HÉLÈNE. Je te donne, Mathilde, le mot *jardin*.

MATHILDE. Je donne à Henriette le mot *chanson*.

HENRIETTE. Et toi, Émilie, je te donne *bateau*.
(*Louise rentre.*) Émilie, as-tu reçu des nouvelles de
ta maman?

ÉMILIE. Oui, et elle m'écrit qu'étant sur le bateau
qui descend la Saône elle a eu un grand orage,
avec beaucoup de tonnerre et d'éclairs.

LOUISE. C'est *tonnerre*.

TOUTES. Non, non; c'est bateau.

LOUISE. Juliette, comptes-tu te lever de bonne
heure demain?

JULIETTE. Je me lèverai le plus tôt que je pour-

rai ; car, quand je dors trop, je fais des rêves affreux, et je vois en rêvant des loups, des serpents, des crocodiles, des tigres, des rhinocéros et
des ours

LOUISE. En voilà assez. Comment veux-tu que
je me retrouve dans toutes ces vilaines bêtes?
C'est cro.... non, c'est rhinocéros.

JULIETTE. Pas du tout ; tu avais bien commencé,
c'est *crocodile*.

LOUISE. Allons, à une autre. Marie, as-tu fini
ton dessin ?

MARIE. Pas encore. J'aurais besoin pour le finir
de la baguette d'un enchanteur ou de celle d'une
fée qui viendrait dans un petit char traîné par des
colombes ou des papillons.

LOUISE. Je suis bien embarrassée, mais je crois
que c'est *papillon*.

MARIE. Non, c'est *enchanteur*.

LOUISE. Je ne devinerai donc pas ? Dis-moi, Hélène, aimes-tu les fraises?

HÉLÈNE. Que faut-il donc que je réponde? Quand
le baromètre... Non ; j'aime bien les fraises, mais
j'aime à m'aller promener quand le baromètre
annonce du beau temps.

LOUISE. Ce mot-là n'est pas difficile à deviner.
C'est *baromètre*.

MATHILDE. Quel dommage! je préparais une si
jolie histoire !

LOUISE. Il n'est pas toujours possible de se servir de l'histoire que l'on a préparée.

On voit que, pour rendre ce jeu plus difficile, il faut faire entrer dans sa réponse des mots qui puissent détourner l'attention du mot véritable. Il y a encore une autre manière de le jouer. On peut se donner les mots tout bas, afin que les joueurs aient aussi le plaisir de chercher le mot avec celui qui fait les questions. Au reste, cela fait peu de différence pour l'intérêt du jeu. L'essentiel est de ne pas varier sa voix dans la réponse, quand on prononce le mot donné, parce qu'alors cette inflexion de voix le fait aisément deviner.

PLUSIEURS MOTS POUR UN.

Voici un autre jeu où il est si facile de deviner, que nous hésiterions à le mettre sur notre liste, s'il n'y avait pas moyen de lui donner quelque intérêt : c'est lorsqu'il n'est pas su de plusieurs de celles qui le jouent. Elles ne sont pas dans le secret, et c'est la personne qui est censée devoir deviner qui s'entend avec celle qui dirige le jeu. Celle-ci choisit un mot dans lequel il entre autant de lettres qu'il y a de personnes présentes. Elle indique à celles qui ne savent pas le jeu le mot qu'elles auront à répondre. Si on est quatre, on choisira, par exemple, le mot *pain*. Quand celle

qui doit deviner rentre, chacune lui dit un mot
commençant par une des lettres composant le
mot *pain*, dans leur ordre. Ainsi, la première dira
pommes, la seconde *amandes*, la troisième *image*,
et la quatrième *nid*. Il faut que celle qui est censée deviner se souvienne de chacune de ces premières lettres, et elle reforme aussitôt le mot, ce
qui étonne celles à qui on n'a pas dit le secret du
jeu.

LE MOT INDICATEUR.

Ce jeu est de la même famille que le précédent
et n'a aussi que le même genre d'intérêt, qui est
de donner à penser à celles qui le jouent et qui ne
sont pas dans le secret. Celle qui dirige le jeu
convient avec les autres que l'on touchera un ob·
jet en l'absence de celle qui feint de deviner.
Quand elle rentre, sa complice lui demande, en
touchant beaucoup de choses dans la chambre :
« Est-ce ceci ? » ou : « Est-ce cela ? » Précédemment
elles étaient d'accord pour que le mot *ceci* ou le
mot *cela* fût employé pour désigner l'objet qui a
été touché. Au moment où elle prononce le mot
indicateur, l'autre répond : « Oui » à la grande
surprise des jeunes filles qui ne connaissent pas
le jeu, mais on apprend bientôt le secret, et alors
il n'est plus possible de le jouer.

LES CINQ VOYELLES.

Puisque nous nous occupons à décomposer la langue pour en composer certains jeux, nous placerons ici tout ce qui paraîtra se rattacher à ces différents exercices sur les lettres, les voyelles, les syllabes ou les mots difficiles à prononcer ; et quand nous en aurons épuisé la liste, nous passerons à des jeux plus animés.

Pour ce jeu des voyelles, il faut encore chercher à surprendre quelques-unes des jeunes filles qui font partie du jeu, et qui en ignorent cependant le procédé. Beaucoup de personnes le jouent en se servant de cette formule : « M. le curé n'aime pas les O ; que lui donnerons-nous ? » Nous ne tenons pas compte de cette phrase, qui est fréquemment employée, parce que nous trouvons qu'il n'est pas convenable de prendre en plaisantant le nom des personnes dont le caractère doit être respecté. Nous demandons, en conséquence, que l'on y substitue, soit un nom imaginaire, soit celui d'une des personnes présentes, si elle y consent. Nous disons donc : « Mme *** n'aime pas les O ; que lui donnerons-nous? » et l'équivoque porte sur la lettre O, que les personnes qui ignorent le jeu prennent pour des os, ce qui les oblige à chercher des mets dans lesquels il ne s'en trouve pas.

Les cinq voyelles.

Toutes les fois que l'on fait cette méprise, on paye un gage. Ce jeu est amusant, et les personnes qui le connaissent en tirent un bon parti en faisant de longues nomenclatures qui étonnent celles qui ne l'ont pas encore joué. On peut faire une ordonnance pour une personne malade qui n'aime pas les O, en lui traçant un régime où on lui recommande, d'une part, ce qu'elle doit faire, et, de l'autre, ce qu'elle doit éviter. La malade prendra des bains avec de l'eau de rivière, mais surtout pas d'eau de fontaine. Elle prendra des panades; mais surtout ni consommés, ni bouillons, ni sirops, ni compotes. Elle pourra manger des fèves et des lentilles, mais ni pois, ni haricots, ni pommes de terre; des fruits, comme pêches, fraises, cerises, mais ni poires, ni melons; des perdrix, et pas de poulet, etc.

Pour les autres voyelles : on change un mot dans la phrase, et l'on dit: « Mme *** n'aime pas les *ânes*, et vous, les aimez-vous? » La personne à qui on s'adresse doit vanter les qualités de l'âne, ou parler de ses défauts, sans employer la voyelle A.

Pour la voyelle E, il est très-difficile de répondre, et c'est à peine si l'on trouve quelques mots dans la langue où cette voyelle ne soit pas employée; mais, avec des efforts cependant, on peut trouver une ou deux phrases, et il faut s'en contenter.

Pour I, on adresse la question que l'on veut, et dans celle-là, comme dans les autres, la personne qui interroge doit placer la lettre omise, et dire, par exemple : « Répondez-moi sans I : Aimez-vous la compagnie? » Cette manière oblige à faire des périphrases pour répondre, et multiplie les difficultés du jeu. On peut se souvenir de cette jolie réponse, qui a un double sens :

Aimer sauf I serait bien *amer.*

Même observation pour la voyelle U. Et puis répétons avec M. Jourdain : « A, E, I, O, U; que n'ai-je étudié plus tôt pour savoir tout cela ! »

On a essayé ce jeu par écrit, et on est parvenu à composer des lettres entières avec suppression de telle ou telle voyelle. Nous donnons ici un exemple où ne se rencontre pas la voyelle A, une des plus usitées, sans que l'effort y paraisse trop à découvert :

« Voici une nouvelle invention, mon cœur, pour exciter votre curiosité. Nous voulons juger de l'inutilité de telle ou telle voyelle. L'écriture seroit très-bonne si l'on pouvoit se réduire et n'en conserver que deux ou trois. Tout homme qui invente mérite que le peuple lui décerne le triomphe. Mon invention est une misère qui donne bien des peines pour dire des bêtises, ou ne rien dire; ne vous en servez point si vous m'en croyez. »

Maintenant passons à la leçon de lecture, par laquelle nous aurions peut-être dû commencer, pour suivre un ordre logique. On s'assied et l'on épelle un mot que l'on choisit parmi les plus longs, en prenant soit un adverbe, soit un nom propre. Celui de *Nabuchodonosor* est trop fréquemment employé pour que nous ne le choisissions pas comme exemple. La première personne du cercle dit, et les autres répètent après elle : « N, A, na. » Au deuxième tour elle dit : « N, A, na, B, U, bu. » Au troisième tour, elle reprend : « N, A, na, B, U, bu, C, H, O, cho (que l'on prononce co), » et ainsi de suite, jusqu'à ce que le mot soit entier. Il ne faut pas mettre le plus petit intervalle en se succédant les uns aux autres. Cela produit un petit gazouillement comme celui de mille oiseaux bavards qui se retirent dans un gros arbre quand le jour baisse, mais sans être tout à fait aussi harmonieux.

LES DOUZE QUESTIONS OU LES TROIS RÈGNES.

Il faut dans ce jeu qu'une des jeunes filles devine un mot, sans pouvoir faire plus de douze questions. On lui donne aussi le nom de jeu des *trois règnes*, parce que tout ce qui existe dans la nature est classé en trois règnes, le règne animal, le règne végétal et le règne minéral. Les êtres animés composent le règne animal. Le règne végétal comprend tout ce qui a la vie sans mouvement, et le règne minéral comprend ce qui n'a ni vie ni mouvement, comme les métaux et les pierres. En mettant ce jeu en action, on le comprendra assez facilement. Nous supposons que le mot choisi est *chat*, et que Marie est chargée de le deviner.

MARIE. Je vais faire ma première question. De quel règne est l'objet que vous avez choisi?

HÉLÈNE. Du règne animal seulement.

MARIE. Est-il vivant?

LOUISE. Il est vivant.

MARIE. Est-il sauvage ou domestique?

HENRIETTE. Il est sauvage.

JULIETTE. Non, il est domestique

MARIE. Ce doit être un chat, car c'est le plus sauvage des animaux domestiques.

HENRIETTE. Oui, c'est un chat; c'est Juliette qui a fait deviner (Juliette sort)

HÉLÈNE. Choisissons le mot *parapluie*. Elle aura bien de la peine à deviner. Viens, Juliette.

JULIETTE. De quel règne est l'objet pensé?

HENRIETTE. Il est composé de trois règnes.

JULIETTE. Est-il animé?

LOUISE. Non, tu vois bien que tu fais une question inutile; un objet composé de trois règnes ne peut être animé.

JULIETTE. Sert-il plus aux hommes qu'aux femmes?

MARIE. Également.

JULIETTE. Sert-il plus à la ville qu'à la campagne?

LOUISE. On s'en sert souvent à la campagne, mais encore plus souvent à la ville.

JULIETTE. Est-ce un meuble?

MATHILDE. Oui, on peut dire que c'est un meuble.

JULIETTE. Y a-t-il de ces sortes de meubles dans cette chambre?

MARIE. Je ne crois pas.

HÉLÈNE. Mais oui, il y en a. Marie, il faut répondre juste. Juliette a déjà fait six questions et elle n'a pas encore deviné.

JULIETTE. N'est-ce pas un fauteuil? Il est des trois règnes puisqu'il a des clous, du bois et de la soie.

HÉLÈNE. Non, ce n'est pas un fauteuil.

JULIETTE. Ah! je vois à présent, c'est un parapluie. Il y en a un dans le coin de la chambre.

HÉLÈNE. Oui, tu vois bien qu'il est aussi des trois règnes; la soie, du règne animal, les ferrements du règne minéral, et le bâton, du règne végétal.

ÉMILIE. Et s'il était en coton?

HÉLÈNE. Il y aurait encore les baleines, qui sont du règne animal. Si le bâton était en fer, il y aurait encore le fil pour le coudre, qui serait du règne végétal.

OUI OU NON.

Il existe encore un jeu du même genre, qui intéresse ordinairement les jeunes filles qui étudient l'histoire. Il consiste à choisir un mot qu'une des jeunes filles doit deviner en faisant toutes les questions qu'elle voudra, mais auxquelles on ne peut répondre que *oui* ou *non*. Quoique l'on puisse prendre le mot que l'on veut, on choisit presque toujours un nom historique.

EXEMPLE. Le nom choisi est Auguste, empereur romain.

QUESTION. Est-ce un homme?

RÉPONSE. Oui.

QUESTION. Est-ce un prince?

RÉPONSE. Oui.

QUESTION. Vit-il de nos jours?

RÉPONSE. Non.

QUESTION. Vivait-il avant Jésus-Christ?

RÉPONSE. Oui.

QUESTION. Longtemps avant?

RÉPONSE. Non.

QUESTION. A-t-il vécu en même temps?

RÉPONSE. Oui.

QUESTION. Est-ce Hérode?

RÉPONSE. Non.

QUESTION. Est-ce un empereur romain?

RÉPONSE. Oui.

C'est Auguste.

AUTRE EXEMPLE. Marie Stuart est le nom choisi.

QUESTION. Est-ce un homme ?

RÉPONSE. Non.

QUESTION. Est-ce une femme ?

RÉPONSE. Oui.

QUESTION. Est-ce une reine ?

RÉPONSE. Oui.

QUESTION. Vivait-elle avant Jésus-Christ ?

RÉPONSE. Non.

QUESTION. Vivait-elle avant l'an 1000 ?

RÉPONSE. Non.

QUESTION. Aux XIIe, XIIIe, XIVe, XVe, XVIe siècles.

RÉPONSE. Oui.

QUESTION. Est ce une Allemande ?

RÉPONSE. Non.

QUESTION. Une Espagnole, une Anglaise, une Italienne ?

RÉPONSE. Non.

QUESTION. A-t-elle été reine de France ?

RÉPONSE. Oui.

QUESTION. Est ce une Écossaise ?

RÉPONSE. Oui.

C'est donc Marie Stuart.

LA CLEF DU JARDIN.

On dit que le grand orateur grec, Démosthène, s'étudiait à prononcer distinctement en remplissant sa bouche de petits cailloux, trouvant ensuite plus facile de parler quand il les avait ôtés. Il aurait pu essayer également un de ces exercices où l'on multiplie certaines difficultés de prononciation pour délier la langue. En Angleterre, on a ainsi une foule de petits récits, composés de quelques phrases qu'il faut répéter distinctement, quelque pénibles qu'elles paraissent à dire de suite. Le plus connu s'appelle : « La maison que Jacques a bâtie, » que nous croyons n'être que la traduction de notre jeu intitulé : *La Clef du Jardin*. Nous allons le présenter cette fois en dialogue, pour donner une idée de la vivacité qu'il faut mettre à le jouer. Nous retrouvons les jeunes filles que nous avons vues ailleurs :

Émilie. Si vous voulez jouer ce jeu, vous n'avez qu'à répéter après moi : « Je vous vends la clef du jardin. »

Toutes les jeunes filles répètent en disant : « Mais c'est bien aisé. »

Émilie. Vous allez voir si c'est bien aisé : je vous vends la corde qui tient à la clef du jardin. (*Toutes répètent de même.*)

ÉMILIE. Je vous vends le rat qui a rongé la corde qui tient la clef du jardin. (*Toutes répètent*).

LOUISE. Je parie que je ne donnerai pas de gage.

ÉMILIE. Je vous vends le chat qui a mangé le rat qui a rongé la corde qui tient à la clef du jardin.

MARIE. Je vous vends le chat qui a mangé la corde qui tient à la clef du jardin.

ÉMILIE. Bon ! un gage. Tu as passé le rat. Je continue. Je vous vends le chien qui a mangé le chat qui a mangé le rat qui a rongé la corde qui tient à la clef du jardin.

HÉLÈNE. *à son tour*. Je vous vends le chien qui a mangé le rat qui a mangé le chat....

ÉMILIE. Un gage, Hélène. Depuis quand les rats mangent ils les chats? Fais attention cette fois : je vous vends le bâton qui a tué le chien qui a mangé le chat qui a mangé le rat qui a rongé la corde qui tient à la clef du jardin. (*Toutes répètent exactement*).

ÉMILIE. Je vous vends le feu qui a brûlé le bâton qui a tué le chien qui a mangé le chat qui a mangé le rat qui a rongé la corde qui tient à la clef du jardin. (*Toutes répètent sans se tromper.*)

ÉMILIE. Je vous vends l'eau qui a éteint le feu qui a brûlé le bâton qui a tué le chien qui a mangé le chat qui a mangé le rat qui a rongé la corde qui tient la clef du jardin.

JULIETTE, *très-vite.* Je vous vends l'eau qui a brûlé le chien qui a mangé le jardin.

ÉMILIE. C'est plus tôt fait; tu ne dois que sept gages cette fois-ci.

JULIETTE. Les voilà tous.

ÉMILIE. Je vous vends le seau qui a apporté l'eau qui a éteint le feu qui a brûlé le bâton qui a tué le chien qui a mangé le chat qui a mangé le rat qui a rongé la corde qui tient à la clef du jardin.

Nous ne suivrons pas ce jeu plus loin. On peut cependant y ajouter encore quelques *longueurs*, mais nous donnons cet exemple, qui est un des plus fréquemment employés, et ensuite chacun peut fournir le sien, car il ne manque pas de petites bagatelles de ce genre. On peut dire aussi sans grasseyer cette petite phrase qui n'a pas le sens commun : « Gros gras grain d'orge, quand te dégrogragraind'orgeriseras-tu ? » à quoi l'on répond : « Je me dégrogragrain d'orgeriserai quand tous les autres gros gras grains d'orge se dégrogragrain d'orgeriseront.»

Ou bien on peut répéter avec volubilité :

> Quatre plats plats dans quatre plats creux,
> Quatre plats creux dans quatre plats plats.

Ou : « Quatre plats de carpe, » vite et longtemps, et cela, sans se tromper, si l'on peut, une douzaine de fois.

Ou bien encore cette chanson :

> Celui-là n'est point ivre *(bis)*,
>   Qui trois fois peut dire *(bis)* :

Blanc. blond, bois, barbe grise, bois,
Blond, bois, blanc, barbe grise, bois,
Bois, blond, blanc. barbe grise, buis.

Mais nous nous arrêtons, parce que, si nous indiquions un trop grand nombre de ces exercices propres à délier la langue. des gens de mauvais goût nous diraient que les petites filles n'en ont pas besoin.

Ce jeu *en prose* rappelle un chant fort ancien. qui se retrouve dans diverses parties de la France, et que nous mettons ici comme un curieux exemple de cette croyance populaire qui faisait apparaître *l'esprit du mal* dans presque toutes les composit ons de ce genre. Cette chanson, qui date du moyen âge, est intitulée le *Conjurateur et le loup*.

I.

L'y a un loup dedans un bois,
Le loup n'veut pas sortir du bois.
Ha, j' te promets compèr' Brocard,
Tu sortiras de ce lieu-là.
Ha, j' te promets compèr' Brocard,
Tu sortiras de ce lieu-là.

II.

Le loup n' veut pas sortir du bois,
Il faut aller chercher le chien.
Ha, j' te promets, compèr' Brocard,
Tu sortiras de ce lieu-là.
Ha, j' te promets, etc.

III.

Il faut aller chercher le chien,
Le chien n' veut pas japper au loup.
Le loup n' veut pas sortir du bois.
Ha, j' te promets compèr' Brocard,
Tu sortiras de ce lieu-là.
Ha, j' te promets, etc.

IV.

Il faut aller chercher l' bâton,
L' bâton n' veut pas battre le chien,
Le chien n' veut pas japper au loup,
Le loup n' veut pas sortir du bois.
Ha, j' te promets, etc.

V.

Il faut aller chercher le feu,
Le feu n' veut pas brûler l' bâton,
L' bâton n' veut pas battre le chien,
Le chien n' veut pas japper au loup,
Le loup n' veut pas sortir du bois.
Ha, j' te promets, etc.

VI.

Il faut aller chercher de l'eau,
L'eau n' veut pas éteindre le feu,
Le feu n' veut pas brûler l' bâton,
L' bâton n' veut pas battre le chien,
Le chien n' veut pas japper au loup,
Le loup n' veut pas sortir du bois.
Ha, j' te promets, etc.

VII.

Il faut aller chercher le veau,
Le veau ne veut pas boire l'eau,
L'eau n' veut pas éteindre le feu,
Le feu n' veut pas brûler l' bâton,
L' bâton n' veut pas battre le chien,
Le chien n' veut pas japper au loup,
Le loup n' veut pas sortir du bois.
Ha, j' te promets, etc.

VIII.

Il faut aller chercher l' boucher,
L' boucher n' veut pas tuer le veau,
Le veau ne veut pas boire l'eau,
L'eau n' veut pas éteindre le feu.
Le feu n' veut pas brûler l' bâton,
L' bâton n' veut pas battre le chien,
Le chien n' veut pas japper au loup,
Le loup n' veut pas sortir du bois.
Ha, j' te promets compèr' Brocard,
Tu sortiras de ce lieu-là,
Ha, j' te promets, Broquin Brocard,
Tu sortiras de ce lieu-là.

IX.

Il faut aller chercher le diable,
Et le diable veut bien venir,
L' boucher veut bien tuer le veau
Et le veau veut bien boire l'eau,
L'eau veut bien éteindre le feu,

Le feu veut bien brûler l' bâton,
L' bâton veut bien battre le chien,
Le chien veut bien japper au loup,
Le loup veut bien sortir du bois.
Ha, j' le promets, compèr' Brocard,
Tu sortiras de ce lieu-là.

LA PREMIÈRE SYLLABE.

Pendant que nos jeunes filles sont assises, elles peuvent commencer un autre jeu qui demande encore de la rapidité dans l'exécution. Celle qui est en tête jette à sa voisine un mouchoir roulé en boule, et lui dit la première syllabe d'un mot à son choix. Il faut que l'autre réponde par une seconde syllabe pouvant s'ajouter à la première pour former un mot. Par exemple on dit : « ba, » elle répond « teau, » et elle jette la balle à celle qui suit, en disant « dé; » l'autre répond « mon: » et on continue jusqu'à la dernière du cercle ; ensuite on recommence sans s'arrêter, si on trouve que le jeu soit assez amusant. Lorsqu'on répète un mot déjà dit, on donne un gage, comme pour tous les jeux de la même espèce.

LA SYLLABE DEVINÉE.

Pour ce jeu, il faut qu'une jeune fille sorte de la chambre, et en son absence, on fait choix d'une

La syllabe devinée.

syllabe. Lorsqu'elle rentre, elle adresse une question à la première du rang, qui doit répondre par
une phrase dont le dernier mot puisse s'ajouter
après la syllabe choisie et former avec elle un mot.
Il n'est pas nécessaire que l'orthographe soit juste.
Pour rendre notre explication plus intelligible,
nous reprenons la forme de dialogue. (*Henriette
sort*).

MARIE. Si vous voulez, nous prendrons la syllabe *ra*.

TOUTES. Oui, c'est convenu. Viens, Henriette.

HENRIETTE, *en rentrant*. Pourquoi, Marie, es-tu
venue si tard aujourd'hui?

MARIE. Parce que j'ai pris beaucoup de leçons
qui m'ont occupée toute la journée; mais une autre
fois je tâcherai de venir plus *tôt* (*ra-teau*).

HENRIETTE. Et toi, Mathilde, as-tu bien travaillé?

MATHILDE. Oui, mais je suis sortie de bonne heure
et dans ma promenade j'ai rencontré une mendiante
qui m'a fait bien de la peine; elle traînait par la
main deux petits enfants, et elle en avait un troisième sur son *dos* (*ra-deau*).

HENRIETTE. Ton histoire est un peu longue, mais
elle ne me fait pas deviner encore. Et toi, Émilie,
commences-tu à bien jouer tes études?

ÉMILIE. Il y en a une que je joue encore mal,
parce qu'elle est difficile à cause des changements
de *tons* (*ra-ton*).

HENRIETTE. Je ne devine pas encore. Louise, tu as une grande tache à ta robe.

LOUISE. Je le sais bien. C'est une robe qui a du malheur; je ne puis la mettre sans la *tacher* (*rattacher*).

HENRIETTE. Je ne devine pas. Ce sera toi, Hélène, qui me feras deviner. As-tu de jolis oiseaux dans ta volière?

HÉLÈNE. Oui, très-jolis, et j'en ai beaucoup aussi; j'en ai plus de *vingt*.

HENRIETTE. Ravin! C'est *ra*.

Nous ne donnons qu'un aperçu de ce jeu, qui est assez joli. Il faut souvent inventer une histoire très-longue pour pouvoir placer un mot à la fin.

L'APPRENTI.

La personne qui commence le jeu dit qu'elle a mis son fils en apprentissage chez un tailleur, ou chez un cordonnier, ou chez un épicier, soit enfin dans toute autre profession qui puisse fournir les noms d'un grand nombre d'objets propres à être vendus. Elle dit la lettre initiale de la première chose que l'apprenti a fabriquée ou vendue. Les autres jeunes filles doivent deviner le mot dont elles ne savent que la première lettre. Si aucune d'elles ne dit juste, elle payent un gage, et on cherche un autre mot. On peut encore, à ce jeu, n'être que deux personnes, quoiqu'il soit plus animé si les joueurs sont en plus grand nombre. Nous allons en donner un court exemple dialogué :

ÉMILIE. J'ai mis mon fils en apprentissage chez un épicier. La première chose qu'il a vendue commençait par un *c*.

LOUISE. Du café.

ÉMILIE. Non : un gage.

MATHILDE. Du chocolat.

ÉMILIE. Oui. A ton tour.

MATHILDE. J'ai mis mon fils en apprentissage chez un confiseur. La première chose qu'il a vendue commençait par un *p*.

HENRIETTE. Des pralines.

MATHILDE. Non.

MARIE. Des pruneaux.

TOUTES Non, non ; un gage. Ce sont les épiciers qui vendent les pruneaux.

MARIE. Eh bien! des prunes confites.

MATHILDE. Non, ce n'est pas cela.

LOUISE. Des pistaches.

MATHILDE. Oui.

MARIE. Comment n'y ai-je pas pensé, moi qui les aime tant !

LES MOTS PROHIBÉS.

Ce jeu est, dit-on, d'origine italienne. On convient d'adresser des questions auxquelles il faut répondre sans dire ni *oui*, ni *non*, ni *pourquoi*; ou bien ni *monsieur*, ni *madame*, ni *mademoiselle*. Le talent de celle qui dirige le jeu consiste à faire des questions embarrassantes qui obligent la personne qui répond à se servir de circonlocutions pour éviter l'emploi des mots défendus.

LES COULEURS PROHIBÉES

Si le jeu précédent nous vient d'Italie, celui-ci arrive d'Angleterre. On décide d'abord qu'on ne nommera pas certaines couleurs. L'une des jeunes filles dit : « Comment madame sera-t-elle habillée pour le bal? » Chacune à son tour propose un article de toilette, et si elle nomme la couleur que l'on est convenu d'omettre, elle donne un gage. Pour rendre le jeu plus difficile, on peut supprimer deux couleurs.

LA PENSÉE, OU A QUOI RESSEMBLE CE QUE JE PENSE?

Les jeunes filles ayant pris leurs places, la première pense à quelque objet bien déterminé; par exemple, au soleil, à une montre, à un chapeau, etc. Et elle dit à chacune successivement : « A quoi ressemble ce que je pense? » Chacune donne sa réponse, faite au hasard, puisqu'elle ignore la pensée. Elle répond donc : « A un gant, à une épingle, à quelque objet matériel enfin à son choix. Celle qui a interrogé doit dire ensuite quelle a été sa pensée et demander aux autres les rapports qu'il peut y avoir entre cet objet et ceux qui ont figuré dans les différentes réponses. Celle qui est incapable de trouver un rapport donne un gage. Nous mettons ce jeu en action pour le rendre plus intelligible :

MARIE. Hélène, à quoi ressemble ma pensée?

HÉLÈNE. A la pluie.

MARIE. Henriette, réponds.

HENRIETTE. A un fleur.

MARIE. A toi, Louise.

LOUISE. A une cloche.

MARIE. Émilie, à quoi ressemble ce que je pense?

ÉMILIE. A une chouette.

MARIE. Mathilde, que répondras-tu?

MATHILDE. A une étoile.

MARIE. A la pluie, à une fleur, à une cloche, à une chouette, à une étoile.

HÉLÈNE. Je ne vois pas comment la pensée pourra ressembler à des choses si différentes.

MARIE. Ma pensée, c'est la lune. Hélène, quel rapport y a-t-il entre la lune et la pluie?

HÉLÈNE. Toutes les deux causent des inondations Vous savez que la lune influe sur les marées, qui peuvent être très-considérables, et la pluie fait grossir les fleuves et les rivières, et les fait, par conséquent déborder.

MARIE. Ton explication est très-savante. Maintenant, Henriette, dis-moi quelle ressemblance il y a entre la lune et une fleur?

HENRIETTE. C'est qu'elles changent de forme tous les jours.

MARIE. Pourquoi la lune est-elle comme une cloche?

LOUISE. Comme une cloche? Je ne sais pas; j'ai beau chercher, je ne trouve rien. Voilà mon gage.

MARIE. Émilie, pourquoi la lune est-elle comme une chouette?

ÉMILIE. Oh! c'est bien facile à trouver. C'est parce qu'elles paraissent toutes les deux la nuit.

MARIE. Mathilde, quel rapport y a-t-il entre la lune et une étoile?

MATHILDE. La lune est un astre et l'étoile aussi.

Voilà un aperçu de la manière dont on peut jouer ce jeu, qui nous paraît assez ingénieux.

LES COMPARAISONS.

C'est à peu près le même jeu que le précédent; mais l'explication qui en sera donnée montrera suffisamment sous quel rapport il en diffère et en quoi ils se ressemblent l'un et l'autre.

On compare quelqu'un à un objet quelconque; et comme il n'y a point de comparaison qui soit exactement parfaite, on dit en quoi est la ressem-

blance et en quoi est la différence. Par exemple,
on dira : « Je compare Mlle *** à une rose. Elle en
a la fraîcheur et l'éclat : voilà la ressemblance; mais
la rose est environnée d'épines et blesse ceux qui
l'approchent : voilà la différence. » Nous laissons aux
jeunes filles qui choisiront ce jeu le soin de trouver
des comparaisons plus neuves et plus ingénieuses
que celle-ci, nous avons seulement voulu leur
donner un exemple.

LES PROPOS INTERROMPUS.

C'est encore une des variétés de ces jeux dans
lesquels les demandes et les réponses s'entre-croi-
sent d'une manière bizarre pour produire au hasard, soit des réponses qui surprennent par leur
justesse, soit des contre-sens qui amusent encore
davantage. Nous le mettons en action pour le rendre plus intelligible.

HENRIETTE. Je vais faire une question tout bas à
Marie, qui est à ma droite, et elle me répondra aussi
tout bas. Elle fera une question à celle qui vient
après elle, qui lui répondra. Lorsque le tour du
cercle sera fini, je reprendrai tout haut la question
de ma voisine de gauche, qui est la dernière, et j'y
répondrai par la réponse que ma voisine de droite
m'a faite en commençant; ensuite celle-ci dira ma
question et dira la réponse de celle qui est à sa

JEUX ET EXERCICES

droite, et ainsi de suite jusqu'à la fin. Ayez bien soin de vous souvenir des questions et des réponses qui vous sont faites. Marie, à quoi sert un soufflet?

MARIE. A souffler le feu. (*A Émilie*). A quoi servent les pompes des pompiers?

ÉMILIE. A éteindre le feu. (*A Juliette.*) A quoi sert une charrue?

JULIETTE. A labourer la terre. (*A Hélène*). A quoi sert un bonnet?

HÉLÈNE. A couvrir la tête. (*A Mathilde*). A quoi sert un soulier?

MATHILDE. A chausser le pied. (*A Louise*). A quoi sert une épingle noire?

LOUISE. A attacher les cheveux. (*A Henriette*). A quoi sert un baromètre?

HENRIETTE. A marquer la pesanteur de l'air.(*Haut*) Nous allons voir maintenant si les réponses s'accordent bien. Louise m'a demandé à quoi servait un baromètre, et Marie m'a répondu : à souffler le feu.

MARIE. Henriette m'a demandé à quoi servait un soufflet, et Émilie m'a répondu à éteindre le feu.

ÉMILIE. Marie m'a demandé à quoi servent les pompes des pompiers, et Juliette m'a répondu : à labourer la terre.

JULIETTE. Émilie m'a demandé à quoi servait une charrue, et Hélène a répondu : à couvrir la tête.

HÉLÈNE. Juliette m'a demandé à quoi servait un bonnet, et Mathilde m'a répondu : à chausser le pied.

MATHILDE. Hélène m'a demandé à quoi servait un soulier, et Louise m'a répondu : à attacher les cheveux.

LOUISE. Mathilde m'a demandé à quoi servait une épingle noire, et Henriette m'a répondu : à mesurer la pesanteur de l'air.

Ce jeu, qui produit ce qu'on appelle des *coq-à-l'âne* [1] demande un certain effort de la mémoire pour ne pas oublier les demandes et les réponses. Nous allons encore citer quelques jeux qui rentrent dans la même catégorie.

LES PROPOS INTERROMPUS PAR ÉCRIT.

Les jeunes filles qui prennent part à ce jeu écrivent chacune sur un petit carré de papier une question, la plus bizarre possible. On mêle les petits papiers dans une boîte ou dans une corbeille. Chaque joueuse tire un de ces billets et y répond sur un autre papier, puis elle met sa réponse dans une seconde corbeille et remet la demande dans la première. On tire ensuite alternativement une demande et une réponse, mais la réponse ne sort presque

1. On appelle ainsi des discours sans suite et sans raison, dont les parties n'ont pas plus de rapport entre elles, qu'un *coq* n'en a avec un *âne*.

jamais en même temps que la demande pour laquelle on l'avait faite.

Une variété de ce jeu consiste à mettre la réponse
sur le même papier que la question. Tout l'intérêt
repose alors sur l'esprit ou sur la bizarrerie de
l'une ou de l'autre, ou sur l'anonyme que gardent
les auteurs et que l'on s'efforce de pénétrer. Pour
cette seconde manière de jouer, les questions sont
tirées de même, et la réponse y est faite par une
personne autre que celle qui a fait la question.

Au reste, nous renvoyons au jeu du *secrétaire*,
qui a quelque analogie avec celui-là, et pour lequel
nous donnons de plus grands développements.

LES POURQUOI ET LES PARCE QUE.

Ce jeu diffère du précédent en ce que la réponse
n'est pas donnée directement, mais passe par un
tiers, c'est-à-dire qu'une personne fait une question tout bas à sa voisine ; celle-ci lui demande
pourquoi, et l'autre voisine de la personne du milieu fait la réponse, en sorte que celle qui est au
milieu ne sert que d'intermédiaire entre les deux
autres, pour adresser la question « pourquoi? » et
pour retenir ce que l'autre lui a dit à l'oreille. Cette
manière de jouer aux propos interrompus produit
des effets plus bizarres encore que la précédente,
mais elle est moins animée.

Pour ce jeu, il est d'usage d'avoir de longs rubans que chaque joueuse tient par un bout, tandis que tous les autres bouts sont réunis dans la main de celle qui dirige le jeu. Celle-ci commence une histoire ou narration, et s'arrêtant après deux ou trois phrases, elle donne une secousse à un des rubans. Celle à qui s'adresse ce signal doit continuer *immédiatement* la narration, en tâchant de bien lier ce qu'elle dit avec ce qui se disait au moment où elle a repris. Ce jeu demande une certaine invention pour trouver des détails qui soient un peu intéressants. On en jugera mieux par l'exemple que nous allons donner. Celle qui tient les rubans commence ainsi (les points marquent les interruptions et les reprises) :

« La neige tombait par flocons épais quand Alice se leva le matin. Elle pensa qu'elle ne pourrait pas monter à cheval ce jour-là, à cause du mauvais temps, et descendit à la salle à manger, où elle trouva.....

« Une dame qu'il lui sembla avoir déjà rencontrée quelque part, et un petit garçon de sept ou huit ans qui avait de beaux yeux noirs et d'abondants cheveux bouclés. « Vous ne me reconnaissez « pas, Alice, lui dit cette personne ; je suis....

« La femme de chambre de votre cousine Jeanne,
« que vous n'avez pas vue depuis six ans, et voilà
« son petit garçon que je vous amène. Il lui est
« arrivé, il y a quelques jours, une aventure bien
« extraordinaire. Il était allé au bois de Boulogne
« avec un domestique. Là....

« Le domestique l'ayant perdu de vue un mo-
« ment, il se trouva seul, et, comme il le cher-
« chait avec inquiétude, son air effaré attira au-
« près de lui....

« Une troupe de petits gamins assez déguenillés
« qui commencèrent à le tourmenter. Comme il
« est très-vif, il ne put supporter leurs mauvais
« propos et donna un soufflet à l'un d'eux, qui....

« Se jeta sur lui et commençait à le battre, lors-
« qu'ils virent paraître tout à coup un monsieur
« qui se trouvait être, etc.... »

Nous ne donnerons pas la suite de l'histoire, et
nous engageons nos jeunes lectrices à la terminer elles-mêmes, ou à en inventer de meilleures
dont elles sauront faire « le modèle des narrations
agréables, » comme le dit Mme de Sévigné avec
raison, de sa lettre que l'on appelle *la lettre de la
prairie.*

Si l'on veut au contraire faire une narration ab-
surde, le jeu sera peut-être moins difficile, mais
nous préférons une narration suivie et un peu élé-
gante. Toutefois, nous allons donner un exemple

La narration.

de ce que peut être un discours dont les idées n'ont aucune liaison entre elles.

« C'était par une belle nuit d'été, alors que le soleil, prêt à se plonger dans la mer, comme un charbon rougi aux feux de la forge, jetait encore un dernier éclat....

« Vraiment, s'écria Hippolyte, il fait noir comme dans un four. Que demanderons-nous ce matin pour notre déjeuner? J'ai envie d'œufs à la coque.. .

« A ces mots, ils poursuivirent leur course, renversant tout sur leur passage ; leurs chevaux excités refusaient de s'arrêter malgré tous leurs efforts ...

« La vague grossissait toujours et menaçait de les engloutir ; déjà plusieurs lames avaient pénétré dans leur frêle embarcation. Tout faisait pressentir un prochain désastre....

« Lorsque la voix d'un chien se fit entendre ; c'était celui du portier de leur maison, rue Neuve-Saint-Roch. Ces aboiements réitérés annonçaient leur arrivée....

« Chacun s'empressa d'accourir. La vue de ce fidèle animal rappelait des jours qui n'étaient plus ; mais l'ardente chaleur de cette après-midi....

« Les accablait et semblait faite pour les inviter au repos. Ils s'assirent donc en cercle auprès d'un rocher qui leur prêtait son ombre.. .

« L'endroit leur paraissant convenable, chacun

s'empressa de faire un grand feu. L'intensité du froid rendait cette précaution plus nécessaire que jamais. »

Nous sommes obligé d'avertir, en donnant ce modèle de contre-sens, qu'il ne nous est pas venu à la pensée d'imiter la forme de quelques romans modernes.

LE JOURNAL.

Ce jeu, moins difficile que le précédent, lui ressemble sous quelques rapports. La jeune fille qui le dirige doit avoir un livre ou un journal contenant un récit sérieux. Chacune des autres choisit un métier, comme confiseur, épicier, marchand de joujoux, marchande de modes, etc. Elles se placent vis-à-vis de la lectrice. Celle-ci, en lisant, s'arrête quand elle rencontre un substantif et quelquefois un verbe, et regarde celle qui doit parler, ou bien tire un ruban, comme nous l'avons indiqué plus haut. La jeune fille à qui s'adresse ce langage muet doit à l'instant placer un mot qui se rapporte au métier qu'elle a choisi. La lectrice alors finit la phrase, et continue, s'arrêtant de nouveau aux endroits que nous avons déjà indiqués, et regardant tantôt l'une, tantôt l'autre de ses compagnes. Celle qui ne répond pas, ou qui fait une erreur, paye un gage. L'exemple que nous allons donner suffira pour notre explication.

MARIE. Asseyez-vous toutes en face de moi; voici mon journal. Quels métiers choisissez-vous?

HÉLÈNE. Je suis épicier.

HENRIETTE. Moi, quincailler.

LOUISE. Moi, fruitière.

MATHILDE. Moi, je serai lingère.

ÉMILIE. Moi, marchande de nouveautés

JULIETTE. Moi, je serai herboriste.

MARIE. Je commence : *Une grande....*

HÉLÈNE. Bougie.

MARIE. *Se fait sentir dans notre....*

HENRIETTE. Arrosoir.

MARIE. *A plusieurs reprises cette semaine des....*

LOUISE. Carottes.

MARIE. *Ont proféré des cris séditieux. Des....*

MATHILDE. Bonnets.

MARIE. *Considérables, se sont formés en cherchant à séduire les....*

ÉMILIE. Gros de Naples.

MARIE. *Honnêtes de notre....*

JULIETTE. Graine de lin.

« Une grande agitation se fait sentir dans notre ville. A plusieurs reprises, cette semaine, des groupes ont proféré des cris séditieux. Des attroupements considérables se sont formés en cherchant à séduire les habitants honnêtes de notre ville. »

On continue ainsi jusqu'à la fin de l'article, si le jeu amuse.

L'AVOCAT.

Toutes les jeunes filles se placent en rond, ou sur deux lignes, en nombre égal. Au milieu se tient celle qui fait les questions. Quand elle s'adresse à une des es compagnes, il faut que ce soit sa voisine qui réponde pour elle, en parlant à la première personne, comme l'avocat qui prend fait et cause pour son client. Cette complication amène des erreurs fréquentes, qui obligent à donner des gages. Nous allons développer le jeu à l'aide du dialogue. Henriette fait les questions ; elle s'adresse à Marie, qui a Mathilde à sa droite.

HENRIETTE. Marie, aimes-tu bien Mathilde ?

MATHILDE. Oui, elle l'aime beaucoup.

HENRIETTE. Un gage, Mathilde ; il fallait répondre : « Oui, *je* l'aime beaucoup. »

MATHILDE. Mais je ne pouvais pas répondre cela de moi-même.

HENRIETTE. C'est le jeu. Tu sais que les avocats parlent souvent comme s'ils étaient la partie intéressée. Ne disent-ils pas: « Comment, j'ai passé dans votre pré avec mon âne! Vous osez dire que mes poules ont mangé votre grain ;, et je prends à témoins tous mes voisins que je les renferme dans mon poulailler! » Allons, continuons, Émilie, chante avec ta voisine : « Au clair de la lune, » à deux parties. (*Émilie et Hélène chantent.*)

HENRIETTE. C'est Hélène qui devait chanter la première partie, et Émilie la seconde, parce que je m'adressais à Émilie. Et toi, Louise, saurais-tu chanter aussi?

LOUISE. Que faut-il que je chante?

HENRIETTE. Allons, encore un gage. C'était à Juliette à répondre.

JULIETTE. C'est vrai, je n'y ai pas pensé.

HENRIETTE. Juliette, n'est-ce pas qu'Hélène a un bon caractère?

HÉLÈNE. Non, il y a des moments où je ne suis pas aimable.

HENRIETTE. Hélène, ta petite sœur Julia ne serait-elle pas en état de jouer avec nous?

MARIE. Oui, je trouve que nous pourrions amener ma petite sœur et choisir pour elle des jeux simples.

Nous conseillons ce jeu, qui n'est pas très-difficile et qui peut amener des réponses inattendues, si on veut se donner la peine de le bien jouer.

LA SELLETTE.

Nous ne quitterons pas le *tribunal* sans expliquer le jeu de la sellette, qui est un de ceux que l'on aime le mieux quand la compagnie est un peu nombreuse. On sait que la *sellette* est le siége sur lequel se place un accusé. On prend un petit tabouret, qui en tient lieu; on le place au milieu de la chambre, et la personne coupable s'assied. Une autre fait le tour du cercle et demande tout bas à chaque juge quelle est son accusation. Quand on a pris l'opinion de chaque personne, on la dit tout haut à l'accusé, qui doit deviner qui a parlé contre lui. Nous supposons qu'Henriette est sur la sellette. Elle peut faire, si elle veut, un petit discours pour attendrir ses juges, pendant qu'on recueille les opinions. Cela n'est pas hors du jeu, qu'il faut animer autant que possible.

MARIE *interroge tout bas les juges, puis elle dit :* Henriette, tu es sur la sellette, parce qu'on t'accuse de chanter faux. De qui vient ce reproche?

HENRIETTE. C'est Louise qui me fait ce reproche. Parce qu'elle a la voix très-juste, elle est très-difficile pour les autres.

MARIE. Non, c'est Hélène. Donne un gage. On t'accuse d'être paresseuse.

HENRIETTE. C'est toi, Marie, parce que j'ai mieux aimé me promener aujourd'hui que de travailler avec toi au jardin.

MARIE. Non, c'est Juliette. La cour exige que tu donnes encore un gage On t'accuse de n'avoir pas l'air de te repentir.

HENRIETTE. Oh! c'est Mathilde qui a dit cela.

MARIE. Oui, c'est Mathilde. A ton tour, sur la sellette.... Mathilde, on t'accuse d'être gourmande.

MATHILDE. Je reconnais Henriette, parce que j'a voulu manger la moitié de ses cerises.

MARIE. Non, ce n'est pas elle.

MATHILDE. Qui est-ce donc?

MARIE. On n'est pas obligé de nommer quand on n'a pas deviné juste. Il suffit qu'on dise : « Non, ce n'est pas telle personne. » On t'accuse d'être étourdie.

MATHILDE. Oh! si ma gouvernante était ici, je serais bien certaine que c'est elle; mais je sais qu'elle l'a dit ce matin à Hélène, et c'est Hélène qui répète l'accusation.

HÉLÈNE. Va donc me juger à ton tour.

LES CONSÉQUENCES.

On coupe de petits morceaux de papier ou des cartes d'égale grandeur. On en peut faire environ quatre douzaines. Sur la moitié, on écrit le nom de personnes que l'on connaît. Sur le troisième quart on écrit le nom d'un endroit comme : *A la campagne, en voiture, au spectacle.* Enfin, sur le dernier quart, on écrit *les conséquences* ou ce qui est arrivé aux personnes dont les noms ont été écrits d'abord. Par exemple, on écrit : *Ont déchiré leurs gants, ont perdu leurs souliers, se sont querellées.* Quand tout est prêt, on fait trois parts : l'une de tous les noms réunis, l'autre des endroits, la troisième *des consé-*

quences. On tire deux noms, et ènfin en suivant une carte de chacune des autres parts. **En les** lisant, on peut faire de singulières rencontres ou produire de bizarres assemblages. Par exemple : *Caroline et Marie ont été dans la rivière, et se sont brûlées.*

LE SECRÉTAIRE.

Ce jeu n'est que le perfectionnement du précédent. Les grandes personnes même peuvent s'en amuser en y mettant toutes les ressources de leur esprit. On a également des cartes, mais assez grandes pour écrire beaucoup de choses. On écrit en tête le nom de chacune des personnes de la compagnie. On les met dans une corbeille que l'on couvre. Chacun tire au hasard et écrit sur la carte qui lui échoit une phrase. On les remet dans la corbeille; on les tire une seconde fois; sur celle que l'on a prise, on met encore une phrase, et ainsi de suite jusqu'à ce que les cartes soient remplies. Il faut bien cacher à ses voisins ce que l'on écrit, dissimuler son écriture, et, chaque fois que l'on a fini sa phrase, qui doit être courte, mettre quelques points pour la distinguer de celle d'une autre personne. Nous allons supposer que nos jeunes filles sont encore réunies, qu'elles ont rempli les cartes par le procédé que l'on a indiqué plus haut, et qu'elles vont y lire des compliments ou des vérités.

Le secrétaire.

HENRIETTE. Ah! voilà la carte de Marie. Voyons ce qu'on y a écrit.

MARIE. Elle a beaucoup de raison pour son âge... Aussi ne fait-elle pas grande attention aux jeux.... C'est pourquoi elle donne tant de gages...

JULIETTE Est-ce que ce sont des vers? voilà deux rimes.

HENRIETTE. Il ne faut pas interrompre la lecture ni faire de réflexions. Je continue : Elle devrait bien relever ses cheveux....

JULIETTE. Encore une rime!

HENRIETTE. Tu es terrible, Juliette, avec tes interruptions.... Elle ne se fâche jamais.... Pourquoi se fâcherait-elle contre ses amies? Il y en a tant d'autres qui le font...

MARIE. J'avais peur d'entendre de dures vérités, mais je vois qu'on m'a bien ménagée. C'est à moi de lire une carte maintenant. Ah! c'est celle de Juliette. On dit que les petites filles sont bavardes.... Ce n'est pas Juliette qui fera dire le contraire.... Il faut bien que chacun ait un petit défaut.... Celui-là n'est pas le plus grave de tous.... Non, si elle n'était pas aussi un peu indiscrète.... Vous êtes trop sévères pour la pauvre Juliette... Cela ne nous empêche pas de l'aimer de tout notre cœur.

JULIETTE. Je ne suis pas fâchée contre celles qui ont écrit tout ce mal de moi, parcequ'elles me le disent toute la journée ; ainsi je dois y être habituée. C'est à mon tour de tirer ma carte. C'est celle de Louise.

Nous ne multiplions pas ces exemples, qui n'auraient que peu d'intérêt, et nous pensons que le jeu est suffisamment compris, mais nous ne pouvons trop recommander aux jeunes filles qui auront à écrire sur les cartes de leurs compagnes, de se souvenir que ceci n'est qu'un jeu, et que si elles veulent s'en servir pour donner quelques avis, il faut qu'elles y mettent de grands ménagements. Il en est de même pour le jeu de la sellette, pour celui des contre-vérités, etc. On peut plaisanter des légers travers de ses amis, mais les défauts véritables sont choses trop sérieuses pour qu'il en soit question au milieu d'innocents amusements.

LES DEVISES.

Chacune des jeunes filles choisit une fleur. On la lie avec un lien analogue à l'idée que représente la fleur que l'on a choisie, on la place dans un vase qui répond aussi à l'idée primitive, et enfin on y ajoute une devise toujours en rapport avec cette même idée. Pour faire comprendre ce joli jeu, qui est assez difficile, nous revenons à nos petites scènes dialoguées. Nous n'aurons plus beaucoup d'occasions d'y recourir.

HÉLÈNE. Je prends des immortelles.

MARIE. Moi des violettes.

HENRIETTE. Moi, une rose.

LOUISE. Moi, un bouquet de houx.

JULIETTE. Je prends un beau pavot.

MATHILDE. Moi, des soucis.

ÉMILIE. Et moi, un lis.

HÉLÈNE. Je lie mes immortelles avec un cordon de soie verte.

MARIE. Moi, mes violettes avec un brin d'herbe.

HENRIETTE. J'attache la rose avec un ruban d'or.

LOUISE. Je lie mon bouquet de houx avec une chaîne d'acier.

JULIETTE. Je lie mon beau pavot avec un ruban de velours rouge.

MATHILDE. Je lie mes soucis avec une des cordes de mon piano.

ÉMILIE. J'attache mon lis superbe avec un ruban blanc.

HÉLÈNE. Je place mes immortelles dans un vase de porphyre.

MARIE. Mes violettes, je les mets dans un petit pot de terre.

HENRIETTE. Je mets ma rose dans un vase de cristal.

LOUISE. Mon bouquet de houx, dans un vase de fer.

JULIETTE. Je mets mon pavot dans un vase de Chine

MATHILDE. Mes soucis, je les mets dans un vase de marbre noir.

ÉMILIE. Et moi, mon lis, dans un vase d'albâtre.

HÉLÈNE. Sur mes immortelles liées avec un ruban de soie verte, symbole d'espérance, et mises dans un vase de porphyre, le plus durable des marbres, je grave cette devise : *ne cherchez que la vraie gloire.*

MARIE. A mes violettes, dans leur humble vase, liées avec un brin d'herbe, je mets cette devise : *Leur parfum les fait découvrir.*

HENRIETTE. La rose, liée avec un ruban d'or, et placée dans un beau vase de cristal, aura pour devise : *Elle ne vivra que l'espace d'un matin.*

LOUISE. Mon bouquet de houx, lié avec une chaîne d'acier, mis dans un vase de fer, aura cette devise : *Qui s'y frotte s'y pique*

JULIETTE. Mon pavot, qui est lié avec un ruban de velours rouge, et mis dans un vase de Chine, aura cette devise : *Plus d'éclat que de vrai mérite.*

MATHILDE. J'ai mis mes soucis dans un vase de marbre noir ; je les ai liés avec les cordes de mon piano, et j'écris dessus : *On les retrouve partout.*

ÉMILIE. Sur le vase d'albâtre qui contient mon lis, lié avec un ruban blanc, je fais graver cette devise que je viens de lire : *Ex candore decus,* et dont voici la traduction : *Sa beauté vient de sa blancheur.*

LES MÉTAMORPHOSES.

Il est encore question de fleurs dans ce jeu:
mais elles doivent représenter des personnes présentes ou absentes. On forme un bouquet composé de trois, quatre ou cinq fleurs au plus, en
l'absence d'une des jeunes filles, qui doit faire un
emploi quelconque des fleurs que l'on a choisies, et
qui ne sait pas quelles sont les personnes ainsi mé-
tamorphosées. On ne le lui dit qu'après, et le seul
intérêt du jeu est de faire un choix de fleurs qui in-
duise en erreur la personne à qui on les offre. Don-
nons-en un court exemple :

Émilie sort, et on décide de choisir trois fleurs :
une pensée, un pied d'alouette et une jacinthe.

Lorsque Émilie rentre on lui demande ce qu'elle
en fait. Elle répond qu'elle met la pensée sur son
cœur; qu'elle jette loin le pied d'alouette qu'elle
n'aime pas, et qu'elle met la jacinthe sur sa fenêtre, parce que l'odeur en est trop forte. Alors on
lui apprend qu'elle a mis sur son cœur une vieille
femme du village, qu'elle a rejeté son amie Marie,
représentée par le pied d'alouette, et qu'elle a mis
sur sa fenêtre sa petite sœur qui vient de naître.

Ce jeu est encore employé comme une des pénitences quand on tire des gages, ainsi que nous le
verrons à la fin de cette quatrième partie.

LA VOLIÈRE.

Chacune des jeunes filles prend le nom d'un oiseau. Celle qui dirige le jeu, après avoir reçu tout bas les noms d'oiseaux, dit tout haut : « J'ai dans ma volière un serin, un hibou, un colibri, etc., » mais en brouillant l'ordre pour qu'on ne sache pas quel est l'oiseau que chacune a choisi. La première jeune fille dit alors tout haut : «Je donne mon cœur à tel oiseau, je confie mon secret à tel oiseau, j'arrache une plume à tel oiseau. » Ensuite, celle qui dirige le jeu, en se souvenant bien de ce que chacune a dit à son tour, ou l'écrivant si elle craint de ne pas s'en souvenir, déclare que l'oiseau auquel l'une a donné son cœur, est telle de ses compagnes, et qu'elle doit l'embrasser ; qu'elle doit aller faire une confidence à celle à qui elle a confié son secret, et demander un gage à celle à qui elle a arraché une plume.

Ce jeu ressemble un peu à celu des métamorphoses ; on devient oiseau, au lieu de se changer en fleur. Il n'y faut faire figurer que les personnes présentes.

LE PAPILLON ET LES FLEURS.

Chacune des jeunes filles prend le nom d'une fleur, et celle qui dirige le jeu fait le rôle de papillon. Si quelques jeunes garçons étaient admis parmi les jeunes filles, ils pourraient représenter les insectes ; sinon, il faut, pour éviter toute confusion, que les jeunes filles chargées de ce rôle se mettent toutes d'un côté et les fleurs de l'autre, en forme de demi-cercle. Le papillon se place en face d'elles.

Il y a dans ce jeu huit règles qui doivent être soigneusement observées :

1° Les insectes sont représentés par des garçons, s'il est possible, et les fleurs par des jeunes filles.

2° On ne doit appeler que les insectes ou les fleurs qu'on a désignés. Par exemple, s'il y a six jeunes filles, on conviendra que l'une est le lis, une autre la balsamine, une autre la violette, la quatrième sera l'œillet, la cinquième sera la marguerite, et la sixième sera le muguet. Si on appelle la rose, qui ne s'y trouve pas, on devra un gage. De l'autre côté, les six autres prennent les noms de chenille, de cerf-volant, d'abeille, de ver à soie, de fourmi et de guêpe. Si on appelle la mouche, on donne un gage.

3° On ne devra pas appeler deux fois le même insecte ou la même fleur.

4° Quand on nommera le *jardinier*, toutes les jeunes filles représentant les fleurs étendront les bras comme pour montrer avec quel plaisir les fleurs déploient leur feuillage lorsque le jardinier vient les arroser. Tous ceux qui portent le nom d'insectes, au contraire, devront faire un petit saut en arrière comme pour fuir le jardinier.

5° Au mot *arrosoir*, les fleurs devront relever leur tête, et les insectes baisser la leur en se mettant à genoux, par crainte d'être mouillés.

6° Au mot *soleil*, les fleurs et les insectes se lèveront tous, aimant également le soleil.

7° Chacune doit parler quand elle entend son nom.

8° Après avoir pris les positions indiquées dans les articles 4, 5 et 6, chacun restera comme il est, jusqu'à ce qu'on appelle quelque fleur ou quelque insecte. (Voy. plus bas à l'exemple de la guêpe.) Quand on manque à une de ces règles, on donne un gage.

Il n'y a pas de règle établie pour ce qui doit être dit par les personnes qui jouent. Cela dépend d'elles et de la vivacité de leur esprit. L'intérêt du jeu consiste à bien dire ce qui est dans le caractère du rôle que l'on a choisi, soit en improvisant, soit en récitant quelque morceau de littérature que l'on se rappellerait à propos. Nous allons donner quelques exemples pour nous faire comprendre. Nos jeunes lectrices trouveront sans doute des choses meilleures à dire que tout ce que nous pourrions leur indiquer. Après que tout a été disposé selon l'ordre indiqué, le papillon commence.

LE PAPILLON. O belle fleur! comment pourrai-je

te louer? On dit que je suis inconstant, que je vais de fleur en fleur, mais je veux prouver ma cons-tance en me reposant longtemps sur les feuilles de ce beau lis.

LE LIS. Votre flatterie prouve votre inconstance. Les amis fidèles ne se vantent pas de leur amitié. De quelle valeur sont vos compliments pour une fleur qui ne veut entr'ouvrir son calice que pour les purs rayons du *soleil* (tous se lèvent)? Votre flatterie me déplaît presque autant que les piqûres de la *guêpe*. (Ici la guêpe qui est restée de-bout avec les autres, jusqu'à ce qu'un nom fût prononcé, se rassied et dit:)

LA GUÊPE. Quoi qu'en disent les fleurs, elles ne sont jamais si contentes que quand on leur fait des compliments. Même quand la sécheresse leur fait baisser la tête, elles sont fâchées de voir venir le *jardinier* (voy. art. 4), de peur que son *arrosoir* (voy. art. 5) ne dissipe et n'éloigne la foule des in-sectes qui voltigent autour d'elles, surtout autour de la *balsamine*.

Nous avons donné des exemples qui suffiront à faire comprendre le jeu, et nous laisserons mainte-nant l'abeille répondre seule.

LES SIGNES.

Chaque jeune fille, dans ce jeu, représente un animal dont elle imite le cri, le grognement ou le chant, et s'il est possible quelques-uns des mouvements. L'intérêt consiste à changer rapidement de rôle entre les divers acteurs. On n'est pas obligé de prendre le rôle de l'animal qui vient de prendre le vôtre ; on peut choisir celui de tel autre personnage de la ménagerie, lequel peut à son tour contrefaire tel animal qui lui convient.

LES MAGOTS.

La jeune fille qui commence dit à sa voisine à droite: *Mon vaisseau est revenu de la Chine.* L'autre demande: *Qu'a-t-il apporté ?* La première répond : *Un éventail*, et elle fait avec sa main droite le geste de s'éventer. Toutes les personnes présentes font le même geste. La seconde à son tour dit à la troisième : *Mon vaisseau*, etc., et, sur sa question, répond: *Deux éventails*, en ajoutant le geste de la main gauche, qui est imité par tous les autres. A la troisième, on dit: *trois éventails*, et on fait agir le pied droit sans cesser d'agiter les deux mains. Au *quatrième éventail*, on remue le pied gauche; au cinquième, la paupière de l'œil droit;

au sixième, celle de l'œil gauche ; au septième éventail, la bouche ; au huitième enfin la tête. Ces mouvements exécutés tous à la fois par toutes les jeunes filles qui jouent, leur donnent une complète ressemblance avec des pantins à ressorts ou de petits magots de la Chine.

LE BATIMENT.

Celle qui dirige le jeu fait prendre aux autres les noms des matériaux, des outils ou des parties qui composent un bâtiment, comme le plâtre, la chaux, la pierre, la truelle, le balcon, l'escalier, etc.; ensuite elle fait un discours où elle parle d'un édifice qu'elle a entrepris, nommant toutes les choses l'une après l'autre, et celle qui en porte le nom doit aussitôt répéter ce nom deux fois, ou payer un *gage*.

LE JARDINAGE.

C'est le même jeu que le précédent : seulement on change les noms, et on y prend ceux des outils qui servent au jardinage et des objets qui se voient dans un jardin, comme râteau, bêche, arrosoir, bosquets, allées, bassin, fontaine, cerisiers, orangers, etc.

LE CAPUCIN.

C'est encore un jeu qui a une grande analogie avec les précédents. Chacune prend le nom d'une partie de l'habillement d'un capucin. L'une sera le manteau, l'autre la robe, l'autre les sandales, l'autre la barbe, l'autre le capuchon, etc. Une aussi fait le rôle de capucin, et enfin celle qui dirige le jeu s'appelle l'*historien*. Elle doit inventer une histoire où figure un capucin, et, chaque fois que dans cette histoire revient un des noms donnés, il faut que celle qui le porte le répète deux fois si l'historien le dit une, et une fois si l'historien le dit deux. Ce jeu, qui est assez animé s'il est bien conduit, et qui fait donner beaucoup de gages, ressemble un peu à celui de la toilette de madame, que nous avons décrit plus haut; mais il demande quelques efforts d'imagination, parce qu'il y a un récit qu'il faut inventer en y faisant entrer souvent les mêmes mots.

COMBIEN VAUT L'ORGE?

A ce jeu, il y a une des jeunes filles qui représente le *maître*, et dont le rôle est le plus difficile, parce qu'elle fait les questions Les autres s'appellent Pierrot, Combien, Comment, Oh, oh!, Vingt sous, Trente sous, Quarante sous, etc. On invente tous les noms qu'on veut. Dès qu'on s'entend appeler, il faut répondre : « Plaît-il, maître? » et alors le maître vous demande combien vaut l'orge, et on répond le prix qu'on veut. Nous allons mettre ce jeu en action, et distribuer ainsi les rôles :

Le maître. Henriette.

Pierrot. Hélène.

Combien. Louise.

Comment. Marie.

Oh, oh! Émilie.

Vingt sous. Juliette.

Trente sous. Mathilde.

HENRIETTE. Je commence, soyez bien attentives. Pierrot?

HÉLÈNE. Plaît-il, maître?

HENRIETTE. Combien vaut l'orge?

HÉLÈNE. Trente sous.

HENRIETTE. Oh, oh!... c'est bien cher... Un gage, Émilie. Dès que j'ai prononcé : « Oh, oh! » il fallait répondre : « Plaît-il, maître? »

ÉMILIE. Plaît-il, maître?

HENRIETTE. Combien vaut l'orge?

ÉMILIE. Vingt sous.

HENRIETTE. Ce n'est pas trop cher, vingt sous !

JULIETTE. Plaît-il, maître?

HENRIETTE. Bon! c'est cela; combien vaut l'orge?

JULIETTE. Trente sous.

HENRIETTE. Oh, oh!... Combien?... Comment?..
Eh bien ! personne ne répond?

LOUISE. Je pensais à la distraction d'Émilie.

HENRIETTE. C'est ce qui arrive souvent à ce jeu-là.

Il est assez rare de pouvoir retrouver l'origine
d'un de ces jeux d'esprit, qui n'a pas ordinairement assez d'importance pour que l'on se soit oc-
cupé de la conserver et de la transmettre aux races
futures; mais ici, il paraît qu'un fait historique a
donné lieu à une coutume qui a longtemps existé,
et qui ne se retrouve plus que dans le jeu dont
nous venons de tracer l'esquisse. Le fameux duc
de Lorges, faisant le siége de la petite ville de Lagny, dit, en parlant des habitants : « Ils me résis-
tent, mais je leur ferai voir combien vaut *l'orge*. »
Depuis cette époque, les habitants de Lagny se
croyaient insultés quand on leur adressait cette
question; ils se saisissaient du malencontreux ques-
tionneur, et le plongeaient dans une fontaine sur
la place. Quelquefois, on faisait la très-mauvaise
plaisanterie de faire dire à quelqu'un qui ignorait
les conséquences de cette phrase innocente : « Combien vaut l'orge? » et il l'apprenait à ses dépens.

LES CRIS DE PARIS.

Chacune des jeunes filles prend le nom d'un
de ces marchands qui parcourent les rues de Paris

en annonçant à haute voix leur marchandise. Un grand nombre de ces cris est de tradition, et conserve sans doute depuis des siècles les mêmes formules et les mêmes inflexions de voix. Nous allons indiquer ceux que l'on entend le plus fréquemment:

Le marchand d'habits. Habits, habits, galons!

La marchande de chiffons. Chapeaux à vendre! Voilà la marchande de chiffons!

La marchande de plaisirs. Voilà l'plaisir, mesdames, voilà l'plaisir!

Le marchand de cerises. A la douce, cerises, à la douce!

Le marchand de groseilles. Groseille à confire, à confire!

Le marchand d'huîtres. A la barque, à la barque, à la barque!

La marchande de poissons. Harengs qui glacent, qui glacent, limandes à frire, à frire!

Le marchand d'œufs. A la coque, tous les gros œufs, à la coque!

La lanterne magique. Voilà la lanterne magique! (très-lentement et avec accompagnement d'orgue de Barbarie)!

La marchande de cerneaux. Des gros cerneaux!

Le marchand de fromages. Bon fromage de Marolles!

Le marchand de légumes. Des choux, des poireaux, des carottes, des navets, navets!

Le marchand de jouets. V'là les petits moulins à vent! V'là l'amusement des p'tits enfants!

Le marchand de coco. A la fraîche, qui veut boire? etc.

Maintenant, pour jouer le jeu, chacune des jeunes filles ayant pris un métier, elles se promènent lentement. La première qui commence appelle l'une d'elles par le nom de son métier. Celle-ci, à l'instant, doit imiter le cri qui convient à ce métier. Alors l'autre lui demande une des choses qu'elle doit vendre. Il faut qu'elle réponde : « Je n'en ai pas, demandez à tel autre marchand. » Celle qu'elle désigne commence à imiter le cri du rôle qu'elle a pris. On lui fait la même question ; elle renvoie aussi à une autre, et ce jeu, qui n'a pas d'autre mérite que l'imitation fidèle des cris bien connus, n'est pas assez compliqué pour avoir besoin d'une plus longue explication. On donne des gages quand on manque à l'appel de son nom, ou quand on demande à un marchand un objet qu'il ne doit pas vendre.

LES ÉLÉMENTS[1].

Dans ce jeu, on emploie un mouchoir roulé comme une balle. Les jeunes filles sont assises en

1. On a cru, pendant des siècles, que les corps n'étaient composés que d'eau, de terre, d'air et de feu, et on a appelé les

Les Étudiants.

cercle. Celle qui dirige le jeu jette la balle à une de ses compagnes, en disant : *Terre, air* ou *eau.* On omet le *feu* parce qu'il ne contient pas d'habitants. La jeune fille à qui la balle est adressée doit, en la recevant, répondre par le nom d'un animal vivant dans l'élément nommé. Si on lui dit : « Air, » sa réponse sera : « Aigle » ou « Vautour, » ou quelque autre oiseau. Si le mot est : « Eau, » elle répond par le nom d'un poisson ; par le nom d'un quadrupède, si on lui dit : « Terre. » Il faut répondre promptement et sans se tromper. Si, au lieu de jeter une balle, on préfère se servir de rubans, comme dans le jeu de *la narration*, que nous avons expliqué plus haut, c'est un moyen qu'on peut employer. Nous allons, à l'occasion de ces rubans, indiquer un petit jeu simple, dont ils font tous les frais.

LES RUBANS.

On tient les rubans de la manière que nous avons indiquée précédemment. Lorsque celle qui en a

quatre substances des *éléments*, c'est-à-dire des corps qui ne pouvaient être décomposés. Aujourd'hui que la physique et la chimie ont découvert soixante-quatre ou soixante-cinq éléments, tels que l'oxygène, l'hydrogène, l'iode, le potassium, etc., on a reconnu que l'air, l'eau, la terre et le feu étaient formés de plusieurs principes, et pouvaient, par conséquent, se décomposer. Le mot élément, dans ce sens, ne doit donc être pris que comme acception générale ou figurée.

tous les bouts réunis dans sa main, dit : « Tirez, »
il faut lâcher le ruban qu'on tient, sans l'aban-
donner tout à fait. Quand elle dit : « Lâchez, » il
faut au contraire tirer à soi, et il en résulte des
méprises fréquentes, et par conséquent une mois ·
son de gages plus ou moins considérable.

L'ORATEUR.

Deux personnes seulement agissent dans ce jeu,
tandis que les autres restent spectatrices. L'une
doit parler sans faire de gestes, l'autre doit faire
des gestes sans parler. Celle qui représente l'orateur est au milieu de la chambre, enveloppée dans
un grand manteau. L'autre se place derrière elle,
cachée entièrement par le grand manteau, à genoux si elle est trop grande, et passant ses bras
par les ouvertures des manches, tandis que les
bras de l'orateur ne doivent pas bouger. Quand
tout est prêt, celle qui représente *l'orateur* récite
un long monologue en vers ou en prose, qu'elle
sait par cœur, à moins qu'elle ne préfère l'impro-
viser. Elle doit être immobile, tandis que celle
qui est cachée doit faire beaucoup de gestes qui
non-seulement seront mal appropriés au discours,
mais encore seront aussi exagérés et aussi ridi-
cules que possible. On peut déclamer une longue
tirade, comme le récit de Théramène ou le songe

d'Athalie; mais nous indiquons à regret ces beaux morceaux, que nous n'aimons pas à voir parodier.

Les enfants doivent savoir qu'une *charade* est un . mot qui peut se séparer, et dont chaque syllabe forme également un mot. On divise le mot entier en commençant à définir la première syllabe, ensuite la seconde et ainsi de suite, et on définit encore le tout. On les donne alors à deviner. Nous ne présentons ici que l'exemple le plus connu, pour nous faire comprendre.

> Mon premier est un métal précieux,
> Mon second un habitant des cieux,
> Et mon tout est un fruit délicieux.

Le mot est *or-ange.*

Les charades en action, dont nous allons parler, sont très-amusantes à jouer et à voir jouer. On choisit un mot, dont on formera une action, comme les différentes scènes d'une comédie. Pour se costumer, on emprunte tout ce que des amis complaisants veulent bien prêter de leur garde-robe : écharpes, manteaux, fourrures, plumes, armes, etc. On s'affuble du mieux qu'on peut, et on tâche de mettre le plus d'esprit possible dans l'arrangement des petites scènes que l'on présente au public. Il faut que le mot ait bien son emploi

dans toute l'action, mais que les spectateurs aient
quelque peine à le deviner. Il faut aussi leur demander de ne le révéler, s'ils l'ont découvert, que
lorsque toute la *pièce* est jouée ; car il arrive souvent que, pour faire preuve de perspicacité, on
détruit tout l'effet d'une scène bien arrangée. On
comprend que, quand le mot est trop tôt deviné,
les acteurs se sentent refroidis pour achever leur
rôle ; cependant nous leur conseillons encore
d'aller jusqu'au bout.

Nous allons donner l'esquisse d'une charade
très-simple, dont le mot est *cordon*.

Dans la première partie, il s'agit de mettre
en action le mot *cor*, et l'idée de la chasse se présente naturellement. Les acteurs figurent, les uns
des piqueurs, les autres des chasseurs, les autres
des chiens. Quelques-uns *chevauchent* sur une
chaise. Le malheureux cerf se distingue par un
bois élevé, formé de petits fagots branchus. Les
fanfares se font entendre, et c'est dans cette
partie de l'action que se retrouve le mot *cor*, qu'il
faut démêler à travers tout le mouvement de la
chasse :

Du cor bruyant j'entends déjà les sons.
. . . .
Le cerf frémit, s'étonne et balance longtemps.
Doit-il, loin des chasseurs, prendre son vol rapide ?
Doit-il leur opposer son audace intrépide ?

. . . .

Il hésite longtemps; la peur enfin l'emporte,
Il fuit. il court, il vole. . . . .

On suit avec intérèt les manœuvres du pauvre
cerf.

Du son lointain du cor, bientôt épouvanté,
Il part, rase la terre; ou, vieilli dans la feinte,
De ses pas, en sautant, il interrompt l'empreinte;
Ou tremblant et tapi loin des chemins frayés,
Veille et promène au loin ses regards effrayés,
S'éloigne, redescend croise et confond sa route.
Quelquefois il s'arrête, il regarde, il écoute ;
Et des chiens, des chasseurs, de l'écho des forêts,
Déjà l'affreux concert le frappe de plus près.

Les piqueurs ont peine à retenir leurs chiens
pleins d'ardeur. Ils les ont découplés à la poursuite du cerf haletant,

Sur lui seul, à la fois, tous ses ennemis fondent[1]

et le cor sonne enfin l'hallali.

Le second tableau est plus paisible. Une jeune
princesse, qui vient de naître, est dans un petit
berceau entouré des dames de la cour. Des fées
se présentent pour lui faire chacune un *don.* « La
plus jeune lui donna pour don qu'elle serait la
plus belle personne du monde; celle d'après,
qu'elle aurait de l'esprit comme un ange; la troi-

1. Delille.

sième, qu'elle aurait une grâce admirable à tout ce qu'elle ferait ; la quatrième, qu'elle danserait parfaitement bien ; la cinquième, qu'elle chanterait comme un rossignol ; la sixième, qu'elle jouerait de toutes sortes d'instruments dans la dernière perfection. Le rang de la vieille fée étant venu, elle dit, en branlant la tête avec plus de dépit que de vieillesse, que la princesse se percerait la main d'un fuseau, et qu'elle en mourrait. Ce terrible don fit frémir la compagnie, et il n'y eut personne qui ne pleurât. Dans ce moment, une jeune fée sortit de derrière la tapisserie, et dit tout haut ces paroles : « Rassurez-vous, roi et « et reine, votre fille n'en mourra pas ; je n'ai « pas assez de puissance pour détruire ce que « mon ancienne a fait. La princesse se percera la « main d'un fuseau ; mais, au lieu d'en mourir, « elle tombera seulement dans un profond som- « meil qui durera cent ans, au bout desquels le « fils d'un roi viendra l'éveiller*. »

Pour le mot cordon, qui est le *tout* de la charade, on peut chercher une scène chez les Orientaux et représenter un vizir tombé en disgrâce, qui reçoit avec respect le fatal *cordon* que son maître lui envoie, et qui découvre son cou, avec assez de regret, pour se soumettre à la volonté du sultan.

---

1. Contes de Perrault, la *Belle au bois dormant.*

Pour bien jouer les charades, il faut que quelqu'un les dirige avec intelligence et autorité; car si chacun veut suivre sa propre idée, l'effet général sera manqué.

Nous allons donner maintenant quelques mots qui peuvent être mis en action.

Il faut, autant que possible, choisir des mots dans lesquels l'orthographe n'est point défigurée quand on les décompose en syllabes.

Chardon (char, don). — Charpente (char, pente). — Orange (or, ange). — Drapeau (dra, peau.) — Mercure (mer, cure). — Merveille (mer, veille). — Famine (fa, mine). — Assaut (as, saut). — Poisson (pois, son). — Chiendent (chien, dent). — Chèvre-feuille (chèvre, feuille). — Cornemuse (corne, muse). — Charpie (char, pie). — Passage (pas, sage). — Verjus (ver, jus). — Vertige (ver, tige). — Verveine (ver, veine). — Orage (or, âge). — Corbeau (cor, beau).

Il serait convenable d'avertir les spectateurs chargés de deviner le mot d'une charade, dans le cas où l'on aurait choisi des mots dont l'orthographe ne serait pas exactement conservée, tels que ceux-ci : chapeau (chat, peau); champion (chant, pion); dédain (dé, daim); armure (art, mûre ou mur), etc.

BOUTS-RIMÉS.

Voici un genre d'amusement qui demande une certaine habitude de la versification et qui exerce l'esprit plus qu'aucun de ceux que nous avons vus jusqu'à présent. On donne à quelqu'un des mots bizarres, rimant ensemble, et il faut que chacun de ces mots s'ajuste au bout d'un vers sans que le sens soit trop tourmenté. Quelques exemples vaudront mieux que notre définition, et nous allons les prendre chez des auteurs du dix-septième siècle, temps où les bouts-rimés étaient fort à la mode. Celui-ci, qui est de Molière, fut composé à la demande du prince de Conti, qui en avait sans doute donné les mots difficiles :

Que vous m'embarrassez avec votre..... *grenouille*,
Qui traîne à ses talons le doux nom d'... *hypocras !*
Je hais des bouts-rimés le puéril.......... *fatras*,
Et tiens qu'il vaudrait mieux filer une... *quenouille*.

La gloire du bel air n'a rien qui me...... *chatouille ;*
Vous m'assommez l'esprit, avec un gros *plâtras*,
Et je tiens heureux ceux qui sont morts à *Coutras*,
Voyant tout le papier qu'en sonnets on.. *barbouille*.

M'accable de rechef la haine du.......... *cagot*,
Plus méchant mille fois que n'est un vieux *magot*,
Plutôt qu'un bout-rimé me fasse entrer en *danse*.

Je vous le chante clair, comme un.... ... *chardonneret*

Au bout de l'univers je fuis dans une..... *manse;*
Adieu, grand prince, adieu; tenez-vous *guilleret.*

Si on relit les mots donnés, on verra qu'il était difficile de remplir des bouts-rimés avec plus de bonheur; mais il semble que Molière lui-même ait trouvé sa tâche pénible, et il est vrai qu'il faut s'exercer assez longtemps pour parvenir à bien y réussir. Parmi ces curiosités littéraires, nous pouvons encore donner un sonnet que cite Ménage et qui est peut-être le chef-d'œuvre du genre.

« En 1683, une jeune demoiselle qui sera ici nommée Iris, pleurait à chaudes larmes un beau chat qu'on lui avait dérobé. Pour l'en consoler, on s'avisa de lui adresser un sonnet dont les rimes n'étaient composées que de noms de villes et de provinces. » L'invention était nouvelle; mais quoique la difficulté fût, ce semble, capable de faire quitter la plume aux plus hardis, il parut néanmoins que l'auteur du sonnet qui suit l'avait heureusement ou surmontée ou éludée :

Iris, aimable Iris, honneur de la......... *Bourgogne,*
Vous pleurez votre chat plus que nous *Philipsbourg* [1] :
Et fussiez-vous, je pense, au fond de la *Gascogne.*
On entendrait de là vos cris jusqu'à.... *Fribourg.*

La peau fut à vos yeux fourrure de..... *Pologne* [2] ;

1. Place importante que nous perdîmes en 1676.
2. La Pologne fournit des fourrures.

On eût chassé pour lui Titi[1] de............. *Luxembourg*[2].
Il faisait l'ornement d'un couvent de....... *Cologne*.
Mais quoi, l'on vous l'a pris? On a bien pris *Strasbourg*[3].

D'aller pour une perte, Iris, comme la..... *Sienne*[4],
Se percer fortement la gorge d'une......... *Vienne*[5],
Il faudrait que l'on eût la cervelle à l'...... *Anvers*[6],

Chez moi le plus beau chat, je vous le dis, ma *Bonne*[7],
Vaut moins que ne vaudrait une orange à *Narbonne*,
Et qu'un verre commun ne se vend à...... *Nevers*.

Voilà bien des connaissances dépensées en bouts-rimés. On rapporte l'origine de ce jeu d'esprit à Dulot, poëte médiocre, qui vivait au dix-septième siècle. Ce poëte s'était plaint d'avoir perdu 300 sonnets, dont il avait par avance fait les rimes ; cette manière de procéder parut si singulière, qu'on imagina d'en faire l'essai par forme de passe-temps. C'est aussi comme simple passe-temps que nous conseillons ce jeu d'esprit à nos jeunes filles.

1. Titi est le nom d'un chien de Mademoiselle d'Orléans, sur la mort duquel l'abbé Cotin fit un madrigal.

2. Luxembourg ici est le palais qu'habitait Mademoiselle d'Orléans.

3. Strasbourg s'était rendu au roi (Louis XIV) en septembre 1681.

4. Pronom féminin mis à la place de Sienne, ville de Toscane.

5. Lame d'épée ainsi nommée, de Vienne en Dauphiné, où elles étaient excellentes.

6. Allusion d'Anvers à envers.

7. Allusion de bonne, adjectif féminin, à Bonne, nom commun à plusieurs villes.

LES GAGES.

On sait qu'un gage est le prix donné par une personne qui a fait quelque erreur dans un jeu. Ce prix est représenté par n'importe quel petit objet : un dé, une bague. un ruban, etc. Lorsque le jeu est fini, et que les gages ont été rassemblés, on les tire au hasard, et l'on décide, avant tout, quelle sera la pénitence imposée au possesseur du gage. Si, dans les jeux, il y a des jeunes filles et des jeunes garçons, on en fait la distinction. Il faut que les gages soient renfermés dans une corbeille recouverte ou sur les genoux couverts d'un tablier, et que la personne qui est chargée de les *tirer* mette une bonne foi rigoureuse à ne pas choisir, parce que la main peut discerner la forme des objets. Le mieux, pour éviter toute tentation de ce genre, est de charger la personne qui dirige le jeu d'imposer la pénitence, sans qu'elle puisse voir le gage qu'une autre vient de tirer.

Nous allons indiquer quelques-unes des pénitences les plus usitées. Comme on en invente sans cesse de nouvelles, nous nous bornerons à donner ce qui est de tradition.

La formule est : « Le premier gage touché fera telle pénitence. »

Voici les différentes pénitences :

Il faut danser.

Chanter une chanson.

Réciter quelques vers.

Faire la statue. Pour cela, il faut que la jeune fille à qui appartient le gage se mette au milieu de la chambre. Chacune des autres vient tour à tour lui donner une pose différente.

Annoncer la mort du roi de Maroc. Cela se fait en tirant deux gages à la fois. La pénitence pour les deux personnes est de se rencontrer en faisant semblant de pleurer et de se dire : « Le roi de Maroc est mort. » On se sépare et l'on se rencontre de nouveau en disant : « Hélas ! hélas ! » On se sépare et on se rencontre encore en disant : « Il m'aimait beaucoup, parce que je suis gai, très-gai, excessivement gai. » Tout cela avec la figure la plus triste.

Une pénitence du même genre consiste à tenir une bougie allumée de chaque main, à se placer devant une glace, et à chanter sans rire :

> Ah ! que je suis drôle !
> Ah ! que je suis plaisant !

sur l'air de *Vive Henri IV !* en répétant assez de fois pour chanter l'air entier.

Rire en faisant la gamme ascendante et descendante sur *ah !*

Garder son sérieux pendant cinq minutes, quelles que soient les mines que l'on vous fait.

Rire dans un coin de la chambre, pleurer dans
un autre, bâiller dans le troisième et sauter dans
le quatrième.

On fait, derrière la personne qui doit accomplir
la pénitence, trois actions qu'elle ne doit pas voir,
et on lui demande ce qu'elle choisit pour elle.
Ces actions sont de figurer un baiser, un petit
soufflet et une chiquenaude. On lui donne ensuite
ce qu'elle a choisi.

Il faut imiter le cri de l'animal qu'on vous indique.

Baiser une boîte *en dedans* et *en dehors*, sans
l'ouvrir. La personne à qui on donne cette pénitence en ignore le secret, qui est de baiser la boîte
en dehors *de la chambre* et dans la chambre.

On remarquera que l'on impose souvent des pénitences dont il est difficile de s'acquitter parce que
l'on n'en sait pas le vrai sens; ainsi celle qui suit :

Passer à travers le trou de la serrure. Pour
cela, il faut écrire son nom sur un papier que l'on
fait passer par cette étroite ouverture.

Baiser le dessous du chandelier. Pour cela, on
pose le flambeau sur la tête d'une de ses amies
que l'on embrasse.

Oter une pièce de vingt sous de son front sans
y toucher. On applique une pièce de monnaie un

peu mouillée sur le front de la jeune fille qui a la
pénitence, et on a soin de la retirer et de la cacher ensuite dans la main ; mais l'impression du
froid qui reste après que la pièce est ôtée fait
croire à celle à qui on l'a appliquée qu'elle tient
encore, et elle fait divers mouvements pour l'ôter.
sans y porter les mains.

Faire le tour de la chambre à cloche-pied.

Compter vingt à rebours. Il y a aussi une foule
de petites phrases, difficiles à prononcer, que l'on
donne pour pénitence. On en trouvera quelques-
unes plus haut, dans l'article intitulé *la Clef du
jardin*. On trouvera aussi différents jeux qui sont
employés au même usage, comme celui des *Métamorphoses*, quand on vous donne pour pénitence
de dire ce que vous faites d'un *bouquet*.

Tirer au blanc. On attache une feuille de papier
à la tenture. Le milieu est marqué par un petit
rond tracé, et il faut que l'on s'avance du bout de
la chambre avec le bras tendu et que l'on place le
bout de son doigt juste au milieu du rond. Il vaut
mieux que le bout du doigt soit légèrement noirci
pour qu'il laisse une trace. Si l'on a encore une
quantité de gages à tirer et que l'on veuille aller
plus vite, on peut les tirer tous à la fois, en y pro-
cédant de cette manière. Une des jeunes filles dit à
sa compagne : « Madame Trois-Étoiles vient de
s'évanouir. » L'autre répond : « Comment ? » La

première prend une pose bizarre. La seconde adresse la même phrase à celle qui suit, qui la questionne de même, et elle prend à son tour une pose. Ainsi de suite jusqu'à la dernière; ce qui forme des attitudes variées.

On peut encore faire un concert de chats. Chacune chante une chanson différente, toutes à la fois.

Nous n'en donnons pas davantage, parce qu'il nous semble que cette série doit suffire. On en pourra inventer d'autres du même genre.

LA DANSE.

Il semble, au premier moment, que rien n'est plus simple que de danser, et la plupart des jeunes filles, en suivant leur propre instinct, pensent qu'elles n'ont pas besoin des leçons d'un maître. Cependant la danse est un *art*, qui a ses lois, ses règles, ses principes arrêtés; et, quand on veut véritablement la cultiver, il ne faut pas moins qu'une étude continuelle et souvent très-pénible. Ce n'est pas à ce degré de perfection que nous voulons amener nos jeunes lectrices ; mais nous croyons qu'elles aimeront à trouver ici quelques explications que nous rendrons aussi claires que possible.

La danse, si on l'analyse, se compose d'*exercices*, de *pas*, et enfin de *figures* dans lesquelles ces pas, enchaînés les uns aux autres, forment un ensemble dont le plan est tracé à l'avance. Aujourd'hui on se contente d'exécuter en marchant les figures, dont il est très-facile de retenir les différentes combinaisons, et il serait même ridicule d'y

faire entrer les *pas* que l'on enseigne à la leçon.
Mais ces mêmes pas, supprimés dans une contredanse, doivent être connus et étudiés, parce qu'ils
servent à donner le sentiment de la mesure, et
qu'ils ont également de l'influence sur le *maintien*.
Nous croyons à l'utilité des leçons de danse pour
corriger les mouvements gauches et disgracieux,
et nous pensons que, pour les jeunes filles, ces
leçons ont un avantage réel sur la gymnastique,
en contribuant de même à leur développement
physique, sans excéder la mesure de leurs forces.

Habituellement le maître de danse fait étudier
les pas au son d'un instrument. C'est quelquefois
un violon ordinaire, mais le plus souvent c'est une
pochette, sorte de violon très-aigre, assez petit
pour ne pas gêner les mouvements du professeur
lorsqu'il en joue lui-même tout en répétant les
pas en même temps que l'élève. Lorsqu'on n'a
aucun instrument, il faut au moins chanter pour
bien régler la mesure.

Les positions. Ce sont les différentes manières
dont les pieds se placent, en conservant facilement
l'équilibre du corps. Ces positions, au nombre de
cinq, se retrouvent dans la formation des pas, et
comme on les désigne souvent en enseignant les
exercices, il est bon de s'en souvenir. Nous dé-
sirons que l'élève s'accoutume également à mettre
ses pieds *en dehors*, c'est-à-dire à les tourner de

manière que, les deux talons étant joints, les pieds se trouvent sur une même ligne. On arrive par degrés à ce point assez difficile, qui a l'avantage de donner de la souplesse aux articulations, et il faut le maintenir dans tous les exercices de la leçon.

La première position, que nous venons de décrire, se fait en plaçant les talons l'un contre l'autre, les pieds étant sur une ligne horizontale.

La deuxième, de la même manière, en écartant les talons à peu près à la distance de la longueur du pied.

La troisième, en croisant les pieds à la moitié de leur longueur, c'est-à-dire que les chevilles se touchent.

La quatrième comme la troisième, mais en mettant entre les pieds, qui sont en face l'un de l'autre, la distance d'à peu près la largeur du pied.

La cinquième, en croisant exactement les deux pieds, de manière que le bout de l'un corresponde au talon de l'autre.

Ce n'est qu'aux danseurs de profession que l'on enseigne différentes positions des bras; cependant nous engageons l'élève, pendant les exercices, à les tenir quelquefois étendus horizontalement, et comme servant de balancier, la main un peu abaissée en ployant le poignet et le pouce touchant le doigt du milieu. Habituellement les bras doivent retomber naturellement sans se coller au corps. La tête doit être droite ou un peu tournée, les épaules abaissées, le buste bien *d'aplomb* sur le corps, et enfin l'attitude de la personne doit être naturelle, c'est-à-dire sans affectation et sans roideur.

Exercices. En se mettant à la troisième position, l'élève exécutera les exercices suivants :

Les *battements*, qui consistent dans le mouvement d'une jambe, tandis que l'autre supporte le corps. Il y a deux sortes de battements : les *grands battements* et *les petits battements*. Pour les premiers, on élève la jambe à une certaine hauteur, et on la replace alternativement à la troisième position, devant et derrière le pied qui est resté à terre. Pour les *petits battements*, le pied qui agit a la pointe tournée en bas et le cou-de-pied très en dehors, et il vient se croiser, presque sans quitter la terre, sur le pied resté immobile, en s'appuyant sur la cheville, derrière et devant alternativement. Les petits battements doivent s'exécuter avec plus de rapidité que les grands battements.

Les *ronds de jambe* s'exécutent en se plaçant à la première position et en décrivant un cercle complet en dehors, avec le pied posé à plat quand les deux talons se rapprochent, tandis qu'il est sur la pointe, le cou-de-pied tendu, à l'endroit du cercle où il y a le plus d'écartement. Le cercle se fait soit en dedans, soit en dehors.

Dans ces différents exercices, qui sont les plus usités, il est permis de s'appuyer pour conserver l'équilibre.

Les *pliés*, qui donnent une grande souplesse, doivent se faire en se mettant dans chacune des cinq positions successivement, et en se baissant presque jusqu'à terre et se relevant sur la pointe des pieds.

Il y a encore quelques exercices qui rentrent dans la série des pas, et que nous devons placer sous ce titre :

Pas. Les *assemblés* se font en plaçant les pieds à la troisième position, et les déplaçant alternativement, c'est-à-dire que le pied droit, étant d'abord devant le pied gauche, s'y met à son tour par une sorte de glissade de côté pendant laquelle l'élève ploie légèrement les genoux afin que son pas soit flexible, puis se relève en sautant un peu, mais sans secousse. On comprend que les pas se font en changeant de place, puisque chaque pied les exécute alternativement. Dans les *assemblés*, on avance progressivement de la *largeur* du pied.

Les *jetés* se font de la même manière ; mais le pied doit se retrouver un peu relevé sur la cheville de l'autre pied, la pointe en bas, comme dans les petits battements.

Les *glissades* se font comme les assemblés, mais en glissant de côté, et en rapprochant de la jambe qui agit celle qui soutenait le corps.

Les *temps levés* se font en mettant un pied de la troisième à la quatrième position avec le même mouvement du corps que dans les assemblés.

Les *chassés*, comme les *temps levés*, mais en redoublant, c'est-à-dire en faisant deux pas de suite ou davantage, le pied qui est devant étant chassé par celui qui est derrière quand il s'agit d'avancer, et le même mouvement s'exécutant en arrière quand il s'agit de reculer.

Tous ces pas, que nous venons de décrire, se faisaient autrefois pendant une contredanse. On les a remplacés par une sorte de marche cadencée, entremêlée de quelques glissades, pour laquelle on ne s'inquiète pas de mettre les pieds *en dehors*. Cependant, comme il y a encore quelques avis à donner, c'est ici que nous répétons ce que nous avons dit plus haut sur le maintien, dont une des premières conditions est le naturel, non pas ce que l'on prend très-souvent pour le naturel, et qui n'est qu'une certaine manière d'être *sans façon* et aussi sans grâces, mais une simplicité pleine de charme, qui est comprise par tous, et peut à peine se définir. Nous avouons qu'on ne l'acquiert pas par des leçons; mais les leçons peuvent corriger les défauts contraires. Nous ne donnerons pas, comme on le faisait autrefois, des règles pour la manière de marcher, d'entrer dans la chambre, de saluer, etc.; et cependant, sans insister sur ces détails, nous devons dire qu'il est bon de s'exercer à faire des révérences plus ou moins profondes, selon le degré de respect que l'on doit à la personne que l'on salue, et en conservant le *centre de gravité*, c'est-à-dire l'équilibre. Pour y parvenir sûrement, il faut encore une certaine habitude.

M. JOURDAIN. A propos! apprenez-moi comme il faut faire une révérence pour saluer une marquise; j'en aurai besoin bientôt.

LE MAÎTRE A DANSER. Une révérence pour saluer une marquise?

M. JOURDAIN. Oui, une marquise qui s'appelle Dorimène.

LE MAÎTRE A DANSER. Donnez-moi la main.

M. JOURDAIN. Vous n'avez qu'à faire, je le retiendrai bien.

LE MAÎTRE A DANSER. Si vous voulez la saluer avec beaucoup de respect, il faut faire d'abord une révérence en arrière, puis marcher vers elle avec trois révérences en avant, et à la dernière vous baisser jusqu'à ses genoux.

M. Jourdain n'oublie pas la leçon, mais il a commencé à saluer de trop près la marquise Dorimène, et il est obligé de lui demander de se reculer un peu pour la *troisième*, afin que son salut soit fait d'après toutes les règles.

Du temps de M. Jourdain, la révérence et le sa-

lut avaient une très-grande importance, et for-
maient les principaux éléments du *menuet*, qui
était à peu près la seule danse en usage alors On
comprend qu'il fallait des danses graves et lentes
en rapport avec les costumes de l'époque, dont la
riche ampleur n'aurait pu s'accommoder à des
mouvements vifs et légers. Aussi les danses anciennes, comme la *pavane*, la *sarabande*, la *chaconne*,
le *menuet*, n'étaient guère que des attitudes qui
permettaient aux danseurs de montrer leurs grâces étudiées. Nous croyons qu'il y a quelque chose
à regretter dans ces danses d'un caractère sérieux,
plus agréables à regarder que le galop ou la valse
à deux temps ; mais nous ne pouvons qu'en rappeler le souvenir, et, puisque l'art moderne a
adopté de nouvelles formes, ce sont celles-là que
nous allons tenter d'enseigner à nos enfants.

LE QUADRILLE OU LA CONTREDANSE.

Pour former un quadrille, il ne faut pas être
moins de quatre personnes, deux *dames* et deux
cavaliers, en face les uns des autres, le cavalier,
ou la jeune fille qui le remplace, à la gauche de
sa danseuse. Lorsqu'on est huit, on forme un
carré, et enfin, on peut multiplier le nombre des
danseurs d'un quadrille toujours en augmentant
de quatre, afin que chacun ait son vis-à-vis. Si on

n'est que quatre, la musique cesse lorsque la figure est terminée ; mais elle recommence pour les
danseurs placés dans l'autre sens, jusqu'à ce qu'ils
aient dansé la figure entière. Le quadrille, ou la
contre-danse, se compose de cinq figures, placées
dans l'ordre suivant : le *pantalon* ou *chaîne anglaise*,
l'*été*, la *poule*, la *pastourelle* et la *finale*.

Le pantalon. Les danseurs qui se font vis-à-vis
partent tous à la fois en commençant la figure. On
traverse pour changer de place et on revient à sa
place, pendant l'espace de huit mesures. Autrefois, on *balançait* et on faisait un *tour de main* avec
son danseur, pendant huit mesures encore ; mais
maintenant on reste en place pendant que la musique continue. Puis les dames seules font la *chaîne
des dames* en se donnant la main droite et donnant
ensuite la main gauche au cavalier qui fait vis-à-
vis, avec qui elles font un demi-tour. Elles reviennent à leur place de la même manière. On retra-
verse encore une fois et l'on revient à sa place,
comme au commencement de la figure. Dans tous
les moments où la danseuse ne donne pas la main,
elle doit tenir sa robe, à peu près à la hauteur
des genoux, en la relevant très-peu, et sans affectation.

L'été. Un cavalier et une dame vis-à-vis marchent en avant et en arrière, ou en *avant-deux*,
pendant quatre mesures ; puis de la même manière,

mais un peu en biais. Ils traversent ensuite pour changer de place, avancent et reculent un peu en biais deux fois, et retraversent pour gagner leur place. Quand ils s'en rapprochent, ils doivent faire une sorte de *balancé* avec le cavalier ou la dame qui les attendent; mais le *balancé*, autrefois très-marqué et suivi d'un *tour de main*, se fait à présent d'une manière presque inaperçue. Le cavalier et la dame qui n'ont pas dansé vont en avant-deux à leur tour. Les autres danseurs, placés sur les côtés, exécutent après eux la même figure.

La poule. A la poule, le cavalier et la dame vis-à-vis traversent en se donnant la main droite, puis la main gauche, qu'ils gardent en offrant la main droite au cavalier et à la dame restés à leurs places. On balance sans se quitter et on reprend sa place pour aller en avant-deux deux fois; on donne la main à sa dame ou à son cavalier, on va deux fois *en avant quatre*, et l'on traverse en retournant ensuite à sa place, ou bien, plus ordinairement, après avoir été en avant-quatre, on reste en place pendant les huit mesures qui terminent la figure.

La pastourelle. Le cavalier conduit sa danseuse au cavalier de vis-à-vis, qui lui donne la main gauche, et la droite à sa dame. Il les conduit ainsi en avant et en arrière, puis en avant, et les remet au cavalier resté seul, qui recommence à son tour

en faisant de même. Après s'être avancés deux
fois, les deux dames et leur cavalier, sans se quitter, reprennent la main du cavalier seul, et l'on
fait un tour entier en rond, puis l'on se sépare
pour regagner sa place.

Le finale. Cette cinquième figure est semblable
en tout à la seconde, excepté que, dans les premières mesures qui précèdent l'*avant-deux*, tous
les danseurs du quadrille font une sorte de balancé général qui se nomme *chassé-croisé*; ce balancé est répété encore au milieu et à la fin de la
figure.

Le quadrille, tel que nous venons de le décrire,
peut se danser encore en *quadrille croisé*, c'est-à-
dire que tous les danseurs à la fois, des quatre
côtés du carré, dansent sans interruption, et s'en-
tre-croisent avec une certaine habileté qui consiste à prendre bien son temps pour ne pas se
rencontrer exactement au même point. On ne peut
danser les quadrilles croisés qu'entre quatre couples de danseurs. Dans la poule, lors du *balancé-
quatre*, les danseurs se tiennent les mains de manière à former la croix. Dans la pastourelle, ceux
qui partent les seconds, passent constamment
derrière le dos des premiers, et, au moment du
rond, tous ceux du quadrille se prennent la main
pour former un rond général.

La position est la même pour la valse et pour toutes les danses allemandes qui sont de la même famille, comme la polka, la mazurka, etc., dont nous parlerons plus tard. Le cavalier doit se trouver presque en face de sa danseuse. Il doit la soutenir avec sa main droite, placée à peu près à la hauteur de la taille. La danseuse aura sa main droite dans la main gauche de son danseur, et l'autre main appuyée sur son épaule. Il faut qu'elle se laisse entièrement guider par lui. C'est le cavalier qui doit seul déterminer tous les mouvements pour éviter la rencontre des autres couples; et quand la valseuse désire se reposer, elle doit avertir son valseur, sans s'arrêter d'elle-même, afin qu'il choisisse la place convenable.

On valse à deux temps et à trois temps, c'est-à-dire que le rhythme de la musique reste le même, mais que dans la valse à deux temps on fait seulement deux pas et trois tours; la valse à trois temps est moins usitée aujourd'hui. Pour la valse à deux temps, l'orchestre doit presser un peu le mouvement et l'accentuer avec un soin particulier.

Valse à trois temps [1]. Le cavalier doit se placer

1. Nous empruntons quelques-unes de ces explications à l'ouvrage intitulé *la Danse des salons*, par M. Cellarius, professeur de danse. Nous y puiserons aussi pour indiquer les figures du *cotillon*.

bien en face de sa dame, et se tenir droit sans roideur, ni trop courbé ni trop cambré. Le bras gauche doit être arrondi avec celui de la dame, de manière à former un arc de cercle souple et moelleux.

Le cavalier part du pied gauche, et la dame du pied droit.

Le pas du cavalier se fait en passant le pied gauche devant sa dame. Voilà pour le premier temps.

Il reporte le pied droit, un peu croisé, derrière le gauche, le talon levé et la pointe en l'air. Voilà pour le deuxième.

Ensuite il pivote sur ses deux pieds, en montant sur les pointes, pour se retrouver le pied droit devant, à la troisième position, allonge le pied droit de côté, glisse le pied gauche de côté en pivotant sur le pied droit, puis rapproche le pied droit devant à la troisième position. Voilà pour les troisième, quatrième, cinquième et sixième temps.

La dame part au même instant que le cavalier, par le quatrième temps, exécute le cinquième et le sixième, et continue par le premier, le deuxième et le troisième, et ainsi de suite.

La préparation se fait par le cavalier : il pose le pied droit un peu en avant sur le premier temps de la mesure, laisse passer le deuxième, et saute sur le pied droit en levant la jambe gauche pour se trouver au troisième temps et emboîter le premier pas de la valse. Cette préparation donne à la dame le signal du départ.

Avec les six premiers pas, on doit accomplir un tour entier et employer deux mesures. Les trois premiers pas doivent se tourner également dans le premier demi-tour; il n'en est pas de même des trois derniers. Au quatrième pas, le cavalier doit, sans tourner, placer son pied entre ceux de sa dame, accomplir son demi-tour en passant devant la dame avec le cinquième pas, et rapprocher le pied droit au sixième temps.

Le pied de la valseuse, comme celui du valseur, doit conserver sa position ordinaire. On ne doit ni chercher à se placer sur les pointes, ni rester non plus cloué sur les talons; la moitié du pied seule doit porter sur le parquet, de manière à conserver le plus de solidité possible, sans toutefois nuire à la légèreté.

Valse à deux temps. Le pas est fort simple, et n'est autre que celui du galop exécuté d'une jambe et de l'autre en tournant; seulement, au lieu de sauter ce pas, il faut s'attacher à le bien glisser, en évitant les soubresauts et les saccades. J'ai indiqué déjà, à l'article de la valse à trois temps, quelle doit être la position du pied. Le valseur doit tenir les genoux légèrement pliés. Le fléchissement des jambes doit être très-peu marqué et presque imperceptible à la vue. Il faut sur chaque mesure faire un pas, c'est-à-dire glisser un pied et chasser de l'autre. La valse à deux temps, différente en cela de la valse à trois, qui décrit un cercle, se valse carrément et ne se tourne que sur le glissé. Il est essentiel de noter cette différence de mouvement, afin d'apprécier le caractère des deux valses.

La position du cavalier n'est pas la même pour la valse à deux temps que pour celle à trois. Il ne doit pas se tenir en face de sa dame, mais un peu à sa droite; s'incliner légèrement sur son épaule droite, ce qui lui permet de bien s'élancer en entraînant sa dame. Le cavalier, dans la valse à deux temps, part du pied gauche, et la dame du droit. La valseuse doit s'abstenir de s'appuyer avec force sur l'épaule ou la main de son valseur, ce que l'on appelle, en terme de valse, se *cramponner*.

Pour bien valser, il ne suffit pas de conduire toujours sa dame dans le même sens, ce qui ramènerait bientôt l'uniformité de l'ancienne valse: il faut savoir tantôt la faire reculer en faisant le pas de valse, non plus obliquement, mais en droite ligne, tantôt la faire avancer sur soi en faisant le même pas à reculons. Certains valseurs font même le pas de *redowa* de côté, qui n'est pas sans grâce, lorsqu'il s'exécute bien d'accord avec la dame, et que l'on peut reprendre de côté sans perdre la mesure. A-t-on de l'espace devant soi, on doit aussitôt étendre son pas et prendre cette course impétueuse que les Allemands exécutent si bien, et qui est un des plus heureux caractères de la valse à deux temps.

C'est ici qu'il convient de dire quelques mots de la valse dite *à l'envers*, qui fait partie de la valse à deux temps. Le cavalier, au lieu de s'élancer du côté gauche, ainsi qu'il est dit plus haut, peut s'élancer du côté droit et continuer dans ce sens, en entraînant sa dame avec lui.

LA POLKA.

La position du cavalier et de la dame est à peu près la même dans la polka que dans la valse ordinaire. La polka se danse sur une mesure à deux-quatre, mouvement d'une marche militaire un peu lent.

Le pas de la polka se divise en trois temps.

Dans le premier, le talon gauche doit être levé à côté de la jambe droite sans la dépasser derrière et de manière à effleurer le mollet. Dans cette position, on saute sur le pied droit, afin de donner l'élan au pied gauche, qui forme une glissade en avant, à la quatrième position.

Le deuxième et le troisième temps se composent

de deux petits pas sautés de chaque pied avec légèreté, en ayant soin que les deux pieds se trouvent à peu près sur la même ligne. Au deuxième
petit pas, on relève la jambe droite, le talon près
du bas du mollet gauche, et on laisse passer le
quatrième temps de la mesure, ce qui fait que
trois temps seulement se trouvent marqués. On
recommence de l'autre pied et ainsi de suite.

Le cavalier doit toujours partir du pied gauche,
et la dame du droit, comme à la valse ordinaire.

La polka offre dans son exécution plusieurs évolutions particulières : le danseur devra faire tourner sa dame dans tous les sens, tantôt à droite,
tantôt à gauche, la faire reculer ou avancer sur
lui, ou avancer en droite ligne, à l'aide de ce mouvement connu, en terme de valse, sous le nom de
redowa; il devra même quelquefois faire pivoter
la dame sur place en rapetissant le pas, de manière à le former entièrement sous lui.

Dans les premiers temps de la polka, on exécu-
tait d'autres figures auxquelles on a renoncé maintenant.

La polka-mazurka. La polka-mazurka a rem-
placé la mazurka, danse nationale polonaise, dont
les figures, très-compliquées, exigeaient beaucoup
d'étude. Il en est resté seulement un pas qui s'exécute sur un mouvement de valse à trois temps,
en sautant légèremeut sur le pied droit, laissant

glisser le pied gauche à la quatrième devant, ce
qui emploie deux temps de la mesure. On recom
mence de l'autre jambe, et ainsi de suite.

La position du pied est la même pour la polka-
mazurka que pour la valse à deux temps ; on ne
doit chercher ni à le cambrer, ni à le tourner en
dehors, mais le laisser dans sa position naturelle.

La marche est celle d'une valse.

LA REDOWA.

Cette danse, d'origine bohémienne, s'exécute
par couples, ainsi que toutes les valses. La mesure est à trois temps, et doit être jouée sur un
rhythme beaucoup plus lent que celui de la valse
ordinaire.

La position du cavalier est la même que pour la
valse à trois temps ; le cavalier part du pied gauche et la dame du droit. Le pas de la redowa, en
tournant, peut se décomposer ainsi pour le cavalier :

Jeté du pied gauche en passant devant la dame,
comme dans la valse à trois temps ; glissé du pied
droit derrière à la quatrième position de côté ; on
ramène le pied gauche à la troisième position derrière, puis on exécute un *pas de basque* du pied
droit, en rapportant le pied droit devant, et on
recommence du pied gauche.

Le *pas de basque* s'exécute en trois temps, afin
de marquer la mesure. Pour le premier temps,

on saute en changeant de jambe et en portant la jambe changée en l'air à la quatrième position devant. Pour le deuxième temps, on pose cette jambe à terre en la glissant un peu, et pour le troisième, on chasse avec l'autre pied le pied qui est devant.

Pour valser à deux temps sur la mesure de la redowa, on doit faire chaque pas sur chaque temps de la mesure et se retrouver, toutes les deux mesures, le cavalier du pied gauche, et la dame du pied droit, c'est-à-dire que l'on fait un pas entier et un demi-pas sur chaque mesure.

LA SCHOTTISCH.

La schottisch se danse sur la même mesure que la polka. Pour les deux premières mesures le pas est celui de la polka, excepté au quatrième temps, où, le pied restant en l'air, on saute légèrement sur le pied qui est posé. La première mesure se fait du pied droit, et la seconde du pied gauche. Pour les deux mesures suivantes, au premier temps, on passe le pied droit devant; au second temps, on saute légèrement en levant le pied gauche derrière; le troisième temps et le quatrième se font de la même manière avec le pied gauche. Ensuite on recommence le pas, qui se fait en tournant, comme la polka.

LE GALOP.

Le galop, qui se danse quelquefois à la fin d'un bal ou dans une figure de cotillon, est de la plus grande simplicité. La position est la même que pour la polka, et le pas consiste seulement à chasser un pied par l'autre, en les changeant alternativement, pour franchir, devant soi, le plus grand espace possible. Le galop se danse sur un mouvement animé, que l'on presse vers la fin.

LE COTILLON.

Le cotillon est le finale presque obligé de toute réunion dansante.

Pour former un cotillon, on doit s'asseoir autour du salon en demi-cercle ou en cercle complet, suivant le nombre des valseurs. On se dispose couples par couples, le cavalier ayant toujours sa dame à sa droite, et sans laisser d'intervalles entre les sièges.

Le cavalier qui se lève le premier pour partir prend le titre *de cavalier conducteur;* la place qu'il occupe avec sa dame représente ce qu'on appelle *la tête du cotillon..*

Le cotillon peut se composer de valse seule, de polka ou de mazurka; il arrive souvent que l'on mêle ces trois valses ensemble, et que l'on passe de l'une à l'autre pour plus de diversité. .

Lorsque l'on commence par la valse, le couple conducteur part le premier et fait le tour du salon, suivi des autres couples, qui reviennent successivement à leur place. Le premier couple se lève de nouveau et exécute une figure de son choix, que les autres couples doivent exécuter à tour de rôle jusqu'à l'extrémité du cercle.

Celui qui conduit le cotillon donne à l'orchestre le signal du départ, l'arrête lorsqu'il faut changer d'air dans les cotillons mêlés de valses et de polka. L'orchestre doit jouer pendant toute la durée d'un cotillon sans jamais s'arrêter, et ne cesser que lorsqu'il en a reçu l'ordre du cavalier conducteur.

Le devoir du cavalier conducteur est de ne jamais perdre de vue les autres couples, d'avertir en frappant des mains, les cavaliers retardataires, ou ceux qui prolongeraient trop leur valse.

Nous donnerons maintenant l'explication de quelques-unes des figures du cotillon les plus faciles à décrire et à comprendre.

La course. Le premier cavalier quitte sa dame après avoir valsé, et va choisir deux autres dames dans le cercle; sa dame, de son côté, choisit deux cavaliers. Ils se placent vis-à-vis l'un de l'autre à une certaine distance, puis se lancent et font quelques tours de valse ou de polka, chaque cavalier avec la dame qui se trouve devant lui.

Les fleurs. Le conducteur choisit deux dames et les invite à lui indiquer à voix basse chacune une fleur. Il va présenter les deux dames à un autre cavalier, et lui nomme les deux fleurs pour qu'il ait à en choisir une. Le second cavalier valse avec la dame représentée par la fleur qu'il a nommée, et le cavalier conducteur valse avec l'autre dame. La dame du premier cavalier exécute la même figure avec les deux cavaliers choisis par elle. Les *fleurs* peuvent se faire à un, deux et trois couples.

Les colonnes. Le cavalier conducteur valse avec sa dame, qu'il laisse au milieu du salon. Il prend un cavalier qu'il place dos à dos avec sa dame; il amène une autre dame qu'il place vis-à-vis du cavalier qu'il vient de choisir, et ainsi de suite, jusqu'à ce qu'il ait formé une colonne de quatre ou cinq couples qu'il a le soin de terminer par une dame Au signal qu'il donne, en frappant dans les mains, chacun se retourne et valse ou danse avec son vis-à-vis jusqu'à sa place. On peut former une colonne double en partant deux couples à la fois.

Le coussin. Le premier cavalier part en tenant de la main gauche un coussin. Il fait le tour du

salon avec sa dame, qu'il fait asseoir au milieu
du salon, et lui laisse le coussin, que celle-ci doit
présenter à plusieurs cavaliers en les invitant à
placer un genou dessus. La dame doit le retirer
avec vivacité devant les cavaliers qu'elle refuse,
et le laisser tomber devant celui qu'elle choisit
pour valser.

La trompeuse. Deux ou trois couples partent en
valsant et se séparent. Chaque cavalier va choisir
un cavalier, et chaque dame une dame. Le cavalier
conducteur choisit seul deux cavaliers. Les cavaliers
forment une ligne, et se placent dos à dos avec les
dames, qui forment une ligne parallèle. Le cavalier
conducteur se tient hors des rangs, et se place devant la ligne des dames. Il frappe dans ses mains et
choisit une dame. A ce signal, tous les cavaliers se
retournent et prennent pour valser les dames qui se
trouvent derrière eux. Le cavalier qui se trouve sans
dame, par suite du choix du cavalier conducteur,
retourne seul à sa place.

Le serpent. Le premier couple part en valsant.
Le cavalier laisse sa dame dans un des angles du
salon, le visage tourné vers la muraille, et va chercher ensuite trois ou quatre dames qu'il place derrière la sienne, en laissant entre chacune d'elles
une certaine distance. Il va choisir autant de cavaliers, lui compris, qu'il se trouve de dames. Il
forme une chaîne libre avec les cavaliers qu'il a

choisis, et, après avoir promené cette chaîne avec rapidité, il passe derrière la dernière dame, puis entre chaque dame, jusqu'à ce qu'il ait repris la sienne. Il frappe alors dans les mains, et chaque cavalier valse avec son vis-à-vis.

Le changement de dames. Deux couples partent en valsant. Après avoir décrit plusieurs circuits, ils doivent se rapprocher : les cavaliers changent de dames sans perdre le pas ni la mesure : après avoir valsé avec la dame l'un de l'autre, chacun reprend la sienne et regagne sa place.

Le chapeau. Le chevalier laisse sa dame au milieu du salon, et lui remet un chapeau. Tous les cavaliers viennent former un rond autour de la dame en lui tournant le dos et marchant très-vite du côté gauche. La dame place le chapeau sur la tête de l'un des cavaliers avec lequel elle fait un tour de valse. Les autres cavaliers retournent à leur place.

L'écharpe. Cette figure est le pendant de celle du *chapeau*. Un cavalier tient une écharpe à la main, au milieu d'un rond que les dames forment autour de lui, et doit déposer l'écharpe sur les épaules de l'une d'elles qu'il choisit pour valser. Chaque cavalier doit aller rejoindre sa dame pour la reconduire à sa place.

Les dames assises. On place deux chaises dos à dos au milieu du salon. Les deux premiers couples

partent en valsant. Les deux cavaliers ront asseoir
leurs dames sur les chaises, et vont ensuite choisir
deux dames avec lesquelles ils font le tour du cercle.
Ils viennent ensuite reprendre leurs dames pour
les reconduire à leur place en valsant. Pendant que
les deux dames qu'ils viennent de quitter s'as-
soient à leur tour, les deux cavaliers suivants exécutent la même figure, et ainsi de suite. Quand
tous les cavaliers ont fait la figure, il reste sur les
chaises deux dames que leurs cavaliers viennent
délivrer. On peut faire cette figure à trois ou quatre
couples, en plaçant trois ou quatre chaises au milieu du cercle.

Le chapeau magique. Le premier couple part en
valsant. Le cavalier remet à sa dame un chapeau
qu'elle va présenter à plusieurs dames en les enga-
geant à y déposer un objet quelconque. Elle offre
ensuite le chapeau à plusieurs cavaliers qui prennent un des objets, et vont chercher la dame à laquelle il appartient pour lui faire faire un tour de
valse Cette figure peut être exécutée par plusieurs
couples à la fois.

La phalange. Départ des deux premiers couples.
Chaque cavalier va choisir deux dames, et chaque
dame deux cavaliers. Le premier cavalier donne la
main droite à la dame de droite et la main gauche
à celle de gauche; les deux dames se donnent la
main derrière lui, de manière à former une figure

connue anciennement sous le nom des *Grâces*. La dame du cavalier conducteur se place de même avec les deux cavaliers qu'elle a choisis ; les autres groupes se rangent à la suite dans la même disposition, et se tiennent rapprochés de manière à former une phalange qui part en exécutant le pas de polka, valse sans tourner, ou de mazurka. Au signal donné, les cavaliers qui se trouvent entre deux dames se retournent avec elles, et chacun valse avec son vis-à-vis jusqu'à sa place.

Le cavalier trompé. Les cinq ou six premiers couples partent ensemble, et vont se placer en rang deux par deux. Le premier cavalier tient sa dame de la main droite, et ne doit pas regarder le couple qui se trouve derrière lui. Sa dame le quitte, et va choisir un cavalier parmi les autres couples. Ce cavalier et cette dame se séparent et avancent de chaque côté de la colonne en marchant sur la pointe du pied, afin de tromper le premier cavalier qui se trouve en tête, et s'efforcent de le rejoindre pour valser ensemble. Si le cavalier qui est aux aguets peut ressaisir sa dame, il la reconduit en valsant, et le cavalier suivant le remplacera. Dans le cas contraire, il doit demeurer à son poste jusqu'à ce qu'il ait pu prendre une dame. Le dernier cavalier restant valse avec la dernière dame.

Le grand rond. Quatre couples partent à la fois. Chaque cavalier va choisir un cavalier, et chaque dame une dame. On forme un rond général, les cavaliers se tenant par la main du même côté, et les dames de l'autre. On commence par tourner à gauche ; puis le cavalier conducteur, qui doit avoir sa dame de la main droite, s'avance sans la quitter, et coupe le rond par le milieu, c'est-à-dire entre la dernière dame et le dernier cavalier. Il tourne à gauche avec tous les cavaliers, tandis que la dame tourne à droite avec toutes les dames. Le cavalier conducteur et sa dame, après avoir décrit un demi-cercle renversé, se retournent et valsent ensemble ; le second cavalier prend la seconde dame, et ainsi de suite, jusqu'à ce que la chaîne soit épuisée. Cette figure peut se faire à cinq, six, sept, huit couples, et plus encore.

Les cercles jumeaux. Quatre couples partent ensemble. Chaque cavalier choisit un cavalier, et chaque dame une dame. Les cavaliers forment un rond, et les dames un autre à l'opposé. Le cavalier conducteur se place dans le rond des dames, et la dame dans celui des cavaliers. Les deux ronds tournent à gauche avec rapidité : à un signal donné, le cavalier choisit une dame pour valser avec elle ; sa dame en fait autant avec un cavalier : pendant ce temps, les cavaliers se développent sur une ligne, et les dames sur une autre. Les deux lignes avancent l'une vers l'autre, et chacun valse avec son vis-à-vis. Cette figure, de même que la précédente, peut être exécutée par autant de couples que l'on veut.

Le rond trompeur. Départ du premier couple. Le cavalier conducteur va choisir trois dames qu'il place avec la sienne à une certaine distance les unes des autres, et comme pour le jeu des quatre coins. Il choisit ensuite quatre cavaliers, et forme avec eux un rond qui se trouve inséré dans le carré que forment les quatre dames. Les cinq cavaliers doivent tourner avec une très-grande vitesse, et à un signal donné, se retourner et prendre la dame qui se trouve derrière eux pour valser. Il y a nécessairement un cavalier qui est condamné à retourner seul à sa place.

La chasse aux mouchoirs. Les trois ou quatre premiers couples partent ensemble. Les cavaliers laissent au milieu du salon leurs dames, qui doivent toutes avoir un mouchoir à la main. Les cavaliers du cotillon viennent former un rond autour des dames en leur tournant le dos, et tournent rapidement à gauche. Les dames lancent leurs mouchoirs en l'air, et valsent avec ceux des cavaliers qui s'en saisissent.

La mer agitée. On place deux rangs de chaises adossées les unes aux autres, comme pour le jeu dont le nom a servi à désigner cette figure. Départ du premier couple. Le cavalier conducteur, s'il a placé douze chaises au milieu du salon, choisit six dames, y compris la sienne, et les fait asseoir de deux en deux chaises. Il va chercher ensuite six cavaliers avec lesquels il forme une chaîne qu'il dirige lui-même. Après avoir décrit une course rapide dans les diverses parties du salon, et qu'il peut prolonger ou varier à son gré, il finit par envelopper les rangs de chaises ou se trouvent les dames. Quand il s'assoit, tous les cavaliers doivent s'asseoir au même instant, et chacun valse avec la dame qui est à sa droite. Dans cette figure, comme dans celle du *rond trompeur*, il se trouve nécessairement un cavalier de trop, qui doit retourner seul à sa place.

Les quatre coins. On place quatre chaises au milieu du salon, à des intervalles marqués, pour figurer les quatre coins. Le premier cavalier, après avoir fait faire à sa dame un tour de valse, la fait asseoir sur une des chaises, et prend les trois dames suivantes pour occuper les trois autres chaises. Il se place debout au milieu, comme pour le jeu des quatre coins : les dames, en restant assises, exécutent les changements du jeu, qui se font, non plus en courant, mais en se tenant par les mains pour changer de chaises. Quand le cavalier peut s'emparer d'une des chaises laissée vacante par une des dames qui cherchait à changer de place avec sa voisine, il valse avec celle qu'il a déplacée. Un autre cavalier vient aussitôt se placer au milieu du rond, et une autre dame vient occuper la chaise vacante. Quand le dernier cavalier a pris la place de l'une des quatre dernières dames, les cavaliers des trois dames qui restent doivent venir les prendre pour les reconduire à leur place en valsant.

Le berceau. Quatre couples partent ensemble et vont former un rond général au milieu du salon. Quand le rond est formé, les dames et les cavaliers se retournent, et se trouvent dos à dos sans se quitter les mains. Quatre autres couples partent et vont former un rond autour du premier, mais sans se retourner. Dans cette position, et quand on est vis-à-vis les uns des autres, les cavaliers se donnent les mains en dessus, et les dames en dessous. Les cavaliers lèvent les bras assez haut pour former une issue circulaire que les dames parcourent rapidement et à gauche sans se quitter les mains. Au signal donné, les bras des cavaliers s'abaissent à la fois pour arrêter les dames qui valsent avec les cavaliers devant lesquels elles se trouvent. Cette figure peut être exécutée par un grand nombre de couples.

La poursuite. Départ des trois ou quatre premiers couples. Chaque cavalier du cotillon a le droit d'aller derrière chaque couple et de s'emparer de

la dame pour valser avec elle. Il doit frapper dans
les mains pour annoncer qu'il est dans l'intention
de se substituer au cavalier. Cette figure se continue
jusqu'à ce que chaque cavalier ait retrouvé sa dame
pour la reconduire à sa place. Pour que cette figure
soit exécutée avec toute l'animation voulue, il faut
qu'à mesure qu'un cavalier s'empare d'une dame,
un autre le remplace aussitôt. La poursuite est une
des figures finales du cotillon.

Le rond final. Toutes les personnes du cotillon
forment un rond général. Le cavalier conducteur
s'en sépare avec sa dame, et il exécute une valse au
milieu du rond, qui s'est reformé autour d'eux. Il
s'arrête à un signal donné, et sa dame sort du
cercle. Lui, choisit une dame avec laquelle il valse
dans le cercle. Il sort du cercle à son tour, et la
dame qu'il a choisie prend un autre cavalier, et
ainsi de suite. Quand il ne reste plus que deux ou
trois couples, on exécute une valse générale. Le
rond final s'exécute, ainsi que la *poursuite*, surtout
à la fin des cotillons.

Les quatre chaises. On place au milieu du salon
quatre chaises que l'on dispose comme pour les
quatre coins. Quatre couples partent en valsant, et
se placent, chaque couple derrière une des quatre
chaises. A un signal donné, chacun valse autour de
la chaise devant laquelle il se trouve, puis passe à
la suivante ; et ainsi de suite en allant toujours à

droite. Cette figure doit être faite avec ensemble pour éviter de s'entre-choquer. Pour finir, chacun regagne sa place en valsant.

La contredanse. Quatre couples vont se placer au milieu du salon, comme pour la contredanse. Le premier couple part en valsant autour du couple qui est à sa droite, et fait de la même manière le tour des trois autres couples, qui répètent à leur tour la même figure. Quand tous les quatre ont achevé, on retourne à sa place en valsant comme pour *les chaises.*

L'éventail. On place trois chaises au milieu du salon sur une même ligne. Les deux chaises des extrémités doivent être tournées dans le sens contraire de celle du milieu. Le premier couple part en valsant : le cavalier fait asseoir sa dame sur la chaise du milieu et lui remet un éventail. Il va chercher deux autres cavaliers qu'il fait asseoir sur les deux autres chaises. La dame offre l'éventail à l'un des deux cavaliers assis à son côté et valse avec l'autre. Le cavalier qui a reçu l'éventail doit suivre le couple valsant en l'éventant et en sautant à cloche-pied autour du cercle.

Le chapeau fuyant. Départ des deux premiers couples. Le cavalier conducteur tient derrière lui, de la main gauche, un chapeau dont il a soin de présenter l'ouverture. Le deuxième cavalier tient de la main gauche une paire de gants roulée qu'il doit chercher à lancer dans le chapeau sans cesser de valser. Quand il a réussi, il prend le chapeau, et remet les gants à l'autre cavalier, qui recommence le même jeu.

Les petits ronds. Départ des trois ou quatre premiers couples. Chaque cavalier choisit un cavalier, et chaque dame une dame. Les cavaliers se placent deux par deux, et les dames aussi deux par deux devant les cavaliers. Les deux premiers cavaliers et les deux premières dames font en rond un tour entier à gauche; quand le tour est achevé, les deux cavaliers, sans s'arrêter, lèvent les bras pour faire passer les deux dames en dessous, et exécutent un autre tour avec les deux dames suivantes. Les deux premières dames tournent de même avec les deux cavaliers qui se présentent; chacun suit jusqu'à ce que les deux premiers cavaliers soient arrivés aux dernières dames. Quand les deux premiers cavaliers ont fait passer toutes les dames, ils se placent en ligne, et les deux cavaliers suivants se rangent de chaque côté, de manière à former, tous les cavaliers ensemble, une seule et même ligne opposée à celle que les dames ont dû former de leur côté. Les deux lignes avancent l'une vers l'autre par quatre mesures, puis se rejoignent, et chaque cavalier prend la dame qui se trouve devant lui. Polka ou mazurka générale pour finir.

Les génuflexions Départ des deux premiers couples. Les deux cavaliers mettent un genou en terre à une certaine distance l'un de l'autre. Dans cette position, ils font tourner leurs dames deux fois autour d'eux sans leur quitter la main. Après ces deux tours, les deux dames traversent la main droite, et vont donner la main gauche à la droite de l'autre cavalier pour faire également deux tours. Elles traversent une deuxième fois de la main droite pour retrouver leurs cavaliers, qui se relèvent et les reconduisent en valsant.

La corbeille. Départ du premier couple Le cavalier choisit deux dames, au milieu desquelles il se place ; sa dame choisit deux cavaliers, et se place aussi entre eux. On avance pendant quatre mesures, on recule pendant quatre autres, on avance pendant quatre mesures, on recule pendant quatre autres, on avance une dernière fois. Le cavalier qui tient les deux dames lève les bras, et fait passer en dessous les deux cavaliers, qui passent sans quitter les mains de la dame du premier cavalier, et se donnent les mains derrière ce dernier. Les deux dames choisies par le premier cavalier se donnent les mains derrière la dame du cavalier conducteur, ce qui forme la corbeille. Dans cette position on décrit un tour à gauche, et à un signal donné, sans que personne ne quitte les mains, le cavalier du milieu passe sous les bras des deux autres

cavaliers, et la dame sous les bras des deux autres
dames. Les six personnes se trouvent alors avoir
les bras enlacés. A un autre signal, on sépare les
bras, et on forme un rond ordinaire; on décrit un
tour, et le cavalier qui se trouve à la gauche de la
première dame commence une chaîne plate par la
main droite, qui se continue jusqu'à ce que le premier cavalier ait retrouvé sa dame. On termine par
une valse.

La dame à gauche. Toutes les personnes du cotillon forment un rond général; on tourne à gauche
pendant quatre mesures; chaque cavalier fait le
tour sur place en avant, pendant quatre autres
mesures, en ayant soin, à la fin du tour, de laisser sa dame à gauche. On recommence le rond
sur quatre mesures, et chaque cavalier prend la
dame qui se trouve à sa droite, qu'il transporte à
gauche, à l'aide d'un nouveau tour sur place. On
continue jusqu'à ce qu'on ait retrouvé sa dame.
La dame à gauche est une des figures finales du
cotillon.

Pour terminer un cotillon, il est d'un usage assez
général que chaque couple, après la dernière figure,
passe devant la maîtresse du cotillon et s'incline
devant elle successivement. Quelquefois, celui qui
conduit le cotillon a été la chercher à sa place, et
l'a fait asseoir sur une chaise placée au milieu du
salon. Ce salut, qui a lieu dans quelques réunions,

n'est cependant pas obligatoire, et nous devons
l'indiquer seulement pour les circonstances où il
paraît à propos de terminer ainsi la soirée.

TABLE DES MATIÈRES.

TROISIÈME PARTIE.

LES RONDES.

QUATRIÈME PARTIE.

JEUX D'ESPRIT.

FIN DE LA TABLE.

Coulommiers. — Typ. P. BRODARD et GALLOIS.

LIBRAIRIE HACHETTE & Cie

BOULEVARD SAINT-GERMAIN, 79, A PARIS

LE

JOURNAL DE LA JEUNESSE

NOUVEAU RECUEIL HEBDOMADAIRE

TRÈS RICHEMENT ILLUSTRÉ

POUR LES ENFANTS DE 10 A 15 ANS

Les dix-sept premières années (1873-1889),

formant trente-quatre beaux volumes grand in-8°, sont en vente.

Ce nouveau recueil est une des lectures les plus attrayantes que l'on puisse mettre entre les mains de la jeunesse. Il contient des nouvelles, des contes, des biographies, des récits d'aventures et de voyages, des causeries sur l'histoire naturelle, la géographie, les arts et l'industrie, etc., par

Mmes S. BLANDY, COLOMB. GUSTAVE DEMOULIN, EMMA D'ERWIN, ZÉNAÏDE FLEURIOT, ANDRÉ GÉRARD, JULIE GOURAUD, MARIE MARÉCHAL, L. MUSSAT, P. DE NANTEUIL, OUIDA, DE WITT NÉE GUIZOT ;

MM. A. ASSOLLANT, DE LA BLANCHÈRE, LÉON CAHUN, RICHARD CORTAMBERT, ERNEST DAUDET, DILLAYE, LOUIS ÉNAULT, J. GIRARDIN, AIMÉ GIRON, AMÉDÉE GUILLEMIN, CH. JOLIET, ALBERT LÉVY, ERNEST MENAULT, EUGÈNE MULLER, PAUL PELET. LOUIS ROUSSELET, G. TISSANDIER, P. VINCENT, ETC.

et est

ILLUSTRÉ DE 9500 GRAVURES SUR BOIS

d'après les dessins de

É. BAYARD, BERTALL, BLANCHARD, CAIN, CASTELLI, CATENACCI, CRAFTY, G. DELORT, FAGUET, FÉRAT, FERDINANDUS, GILBERT, GODEFROY DURAND, HUBERT-CLERGET, KAUFFMANN, LIX, A. MARIE, MESNEL, MOYNET, MYRBACH, A. DE NEUVILLE, PHILIPPOTEAUX, POIRSON, PRANISHNIKOFF, RICHTER, RIOU, RONJAT, SAHIB, TAYLOR, THÉROND, TOFANI, TH. WEBER, E. ZIER.

CONDITIONS DE VENTE ET D'ABONNEMENT

LE JOURNAL DE LA JEUNESSE paraît le samedi de chaque semaine. Le prix du numéro, comprenant 16 pages grand in-8°, est de **40** centimes.

Les 52 numéros publiés dans une année forment deux volumes.

Prix de chaque volume, broché, **10** francs; cartonné en percaline rouge, tranches dorées, **13** francs.

Pour les abonnés, le prix de chaque volume du *Journal de la Jeunesse* est réduit à 5 francs broché.

PRIX DE L'ABONNEMENT
POUR PARIS ET LES DÉPARTEMENTS

Un an (2 volumes)................. **20** FRANCS
Six mois (1 volume).............. **10** —

Prix de l'abonnement pour les pays étrangers qui font partie de l'Union générale des postes : Un an, **23** fr.; six mois, **11** fr.

Les abonnements se prennent à partir du 1er décembre et du 1er juin de chaque année.

MON JOURNAL

SIXIÈME ANNÉE

NOUVEAU RECUEIL MENSUEL ILLUSTRÉ

POUR LES ENFANTS DE 5 A 10 ANS

PUBLIÉ SOUS LA DIRECTION DE

Mme Pauline KERGOMARD et de M. Charles DEFODON

CONDITIONS DE VENTE ET D'ABONNEMENT :

Il paraît un numéro le 15 de chaque mois depuis le 15 octobre 1881.

Prix de l'abonnement : Un an 1 fr. 80; prix du numéro, 15 centimes.

Les huit premières années de ce nouveau recueil forment sept beaux volumes grand in-8°, illustrés de nombreuses gravures. La première année est épuisée ; la neuvième est en cours de publication.

Prix de l'année, brochée, 2 fr. ; cartonnée en percaline avec fers spéciaux à froid, 2 fr. 50.

Prix de l'emboîtage en percaline, pour les abonnés ou les acheteurs au numéro, 50 centimes.

NOUVELLE COLLECTION ILLUSTRÉE

POUR LA JEUNESSE ET L'ENFANCE
1ʳᵉ SÉRIE, FORMAT IN-8° JÉSUS

Prix du volume : broché, **7** fr.; cartonné, tranches dorées, **10** fr.

About (Eᴅ.) : *Le roman d'un brave homme.* 1 vol. illustré de 52 compositions par Adrien Marie.

— *L'homme à l'oreille cassée.* 1 vol. illustré de 51 compositions par Eug. Courboin.

Cahun (L.) : *Les aventures du capitaine Magon.* 1 vol. illustré de 72 gravures d'après Philippoteaux.

— *La bannière bleue.* 1 vol. illustré de 73 gravures d'après Lix.

Deslys (CHARLES) : *L'héritage de Charlemagne.* 1 vol. illustré de 127 gravures d'après Zier.

Dillaye (FR.) : *Les jeux de la jeunesse,* leur origine, leur histoire, avec l'indication des règles qui les régissent. 1 vol.illustré de 203 grav.

Du Camp (MAXIME) : *La vertu en France.* 1 vol. illustré de gravures d'après DUEZ, MYRBACH, TOFANI et E. ZIER.

Fleuriot (Mˡˡᵉ Z.) : *Cœur muet.* 1 vol. ill. de grav. d'après Adrien MARIE.

Krafft (H.) : *Souvenirs de notre tour du monde.* 1 vol. avec 24 phototypies et 5 cartes.

Manzoni : *Les fiancés.* Édition abrégée par Mᵐᵉ J. Colomb. 1 vol. illustré de 40 gravures.

Rousselet (LOUIS) : *Nos grandes écoles militaires et civiles.* 1 vol. illustré de gravures d'après A. LE MAISTRE, FR. RÉGAMEY et P. RENOUARD.

Witt (Mᵐᵉ de), née Guizot : *Les femmes dans l'histoire.* 1 vol. avec 80 gravures.

2ᵉ SÉRIE, FORMAT IN-8° RAISIN

Prix du volume : broché, **4** fr.; cartonné, tranches dorées, **6** fr.

Anonyme (l'auteur de la Neuvaine de Colette) : *Tout droit.* 1 vol. illustré de 112 grav. d'après E. ZIER.

Assollant (A.): *Montluc le Rouge.* 2 vol. avec 107 grav. d'après Sahib.

— *Pendragon.* 1 vol. avec 42 gravures d'après C. Gilbert.

Blandy (Mᵐᵉ S.) : *Rouxétou.* 1 vol. illustré de 112 gravures d'après E. Zier.

Cahun (L.) : *Les pilotes d'Ango.* 1 vol. avec 45 gravures d'après Sahib.

— *Les mercenaires.* 1 vol. avec 54 gravures d'après P. Fritel.

Chéron de la Bruyère (Mᵐᵉ): *La tante Derbier.* 1 vol. illustré de 50 gravures d'après Myrbach.

Colomb (Mᵐᵉ) : *Le violoneux de la sapinière.* 1 vol. avec 85 gravures d'après A. Marie.

— *La fille de Carilès.* 1 vol. avec 96 grav. d'après A. Marie.

Ouvrage couronné par l'Académie française.

— *Deux mères.* 1 vol. avec 133 gravures d'après A. Marie.

— *Le bonheur de Françoise.* 1 vol. avec 112 grav. d'après A. Marie.

— *Chloris et Jeanneton.* 1 vol. avec 105 gravures d'après Sahib.

— *L'héritière de Vauclain.* 1 vol. avec 104 grav. d'après C. Delort.

— *Franchise.* 1 vol. avec 113 gravures d'après C. Delort.

Colomb (Mme) (suite) : *Feu de paille.* 1 vol. avec 98 gravures d'après Tofani.

— *Les étapes de Madeleine.* 1 vol. avec 105 grav. d'après Tofani.

— *Denis le tyran.* 1 vol. avec 115 gravures d'après Tofani.

— *Pour la muse.* 1 vol. avec 105 gravures d'après Tofani.

— *Pour la patrie.* 1 vol. avec 112 gravures d'après E. Zier.

— *Hervé Plémeur.* 1 vol. avec 112 gravures d'après E. Zier.

— *Jean l'innocent.* 1 vol. illustré de 112 gravures d'après Zier.

— *Danielle.* 1 vol. illustré de 112 gravures d'après Tofani.

— *Les révoltes de Sylvie.* 1 vol. avec 112 gravures d'après Tofani.

— *Mon oncle d'Amérique.* 1 vol. illustré de 112 grav. d'après TOFANI.

Cortambert (E.) : *Voyage pittoresque à travers le monde.* 1 vol. avec 81 gravures.

Cortambert et Deslys : *Le pays du soleil.* 1 vol. avec 35 gravures.

Daudet (E.) : *Robert Darnetal.* 1 vol. avec 81 grav. d'après Sahib.

Demoulin (Mme G.) : *Les animaux étranges.* 1 vol. avec 172 gravures.

Deslys (CH.) : *Courage et dévouement.* Histoire de trois jeunes filles. 1 vol. avec 31 gravures d'après Lix et Gilbert.

— *L'Ami François.* 1 vol. avec 35 gr.

— *Nos Alpes*, avec 39 gravures d'après J. David.

— *La mère aux chats.* 1 vol. avec 50 gravures d'après H. David.

Dillaye (Fr.) : *La filleule de saint Louis.* 1 vol. avec 39 grav. d'après E. Zier.

Énault (L.) : *Le chien du capitaine.* 1 vol. avec 43 gravures d'après E. Riou.

Erwin (Mme E. d') : *Heur et malheur.* 1 vol. avec 50 gravures d'après H. Castelli.

Fath (G.) : *Le Paris des enfants.* 1 vol. avec 60 gravures d'après l'auteur.

Fleuriot (Mlle Z.) : *M. Nostradamus.* 1 vol. avec 36 gravures d'après A. Marie.

— *La petite duchesse.* 1 vol. avec 73 gravures d'après A. Marie.

— *Grandcœur.* 1 vol. avec 45 gravures d'après C. Delort.

— *Raoul Daubry*, chef de famille. 1 vol. avec 32 gravures d'après C. Delort.

— *Mandarine.* 1 vol avec 95 gravures d'après C. Delort.

— *Cadok.* 1 vol. avec 24 gravures d'après C. Gilbert.

— *Céline.* 1 vol. avec 102 grav. d'après G. Fraipont.

— *Feu et flamme.* 1 vol. avec 80 gravures d'après Tofani.

— *Le clan des têtes chaudes.* 1 vol. illustré de 65 gravures d'après Myrbach.

— *Au Galadoc.* 1 vol. illustré de 60 gravures d'après Zier.

— *Les premières pages.* 1 vol. avec 75 gravures d'après Adrien Marie.

Girardin (J.) : *Les braves gens.* 1 vol. avec 115 gravures d'après E. Bayard.
Ouvrage couronné par l'Académie française.

— *Nous autres.* 1 vol. avec 182 gravures d'après E. Bayard.

— *Fausse route.* 1 vol. avec 55 grav. d'après H. Castelli.

— *La toute petite.* 1 vol. avec 128 gravures d'après E. Bayard.

— *L'oncle Placide.* 1 vol. avec 139 gravures d'après A. Marie.

— *Le neveu de l'oncle Placide.* 3 vol. illustrés de 367 gravures d'après A. Marie, qui se vendent séparément.

Girardin (J.) (suite) : *Grand-père*.
1 vol. avec 91 gravures d'après
C. Delort.

Ouvrage couronné par l'Académie française.

— *Maman*. 1 vol. avec 112 gravures d'après Tofani.

— *Le roman d'un cancre*. 1 vol. avec
119 gravures d'après Tofani.

— *Les millions de la tante Zézé*.
1 vol. avec 112 grav. d'après Tofani.

— *La famille Gaudry*. 1 vol. avec
112 gravures d'après Tofani.

— *Histoire d'un Berrichon*. 1 vol.
avec 112 gravures d'après Tofani.

— *Le capitaine Bassinoire*. 1 vol.
illustré de 119 gravures d'après
Tofani.

— *Second violon*. 1 vol. illustré de
113 gravures d'après Tofani.

— *Le fils Valansé*. 1 vol. avec 112
gravures d'après Tofani.

— *Le commis de M. Bouvat*. 1 vol.
illustré de 119 gr. d'après TOFANI.

Giron (AIMÉ) : *Les trois rois mages*.
1 vol. illustré de 60 gravures d'après
Fraipont et Pranishnikoff.

Gouraud (Mlle J.) : *Cousine Marie*.
1 vol. avec 36 gravures d'après
A. Marie.

Nanteuil (Mme P. de) : *Capitaine*.
1 vol. illustré de 72 gravures
d'après Myrbach.

Ouvrage couronné par l'Académie française.

— *Le général Du Maine*. 1 vol. avec
70 gravures d'après Myrbach.

— *L'épave mystérieuse*. 1 volume
illustré de 80 gr. d'après MYRBACH.

Rousselet (L.) : *Le charmeur de serpents*. 1 vol. avec 68 gravures d'après A. Marie.

— *Le fils du connétable*. 1 vol.
avec 113 gravures d'après Pranishnikoff.

— *Les deux mousses*. 1 vol. avec
90 gravures d'après Sahib.

Rousselet (L.) (suite) : *Le tambour
du Royal-Auvergne*. 1 vol. avec 115
gravures d'après Poirson.

— *La peau du tigre*. 1 vol. avec
102 gravures d'après Bellecroix et
Tofani.

Saintine : *La nature et ses trois
règnes, ou la mère Gigogne et ses
trois filles*. 1 vol. avec 171 gravures
d'après Foulquier et Faguet.

— *La mythologie du Rhin et les
contes de la mère-grand*. 1 vol.
avec 160 gravures d'après G. Doré.

Tissot et Améro : *Aventures de
trois fugitifs en Sibérie*. 1 vol.
avec 72 gravures d'après Pranishnikoff.

Tom Brown, scènes de la vie de
collège en Angleterre. Imité de
l'anglais par J. Girardin. 1 vol.
avec 60 grav. d'après G. Durand.

Witt (Mme de), née Guizot : *Scènes
historiques*. 1re série. 1 vol. avec
18 gravures d'après E. Bayard.

— *Scènes historiques*. 2e série. 1 vol.
avec 28 gravures d'après A. Marie.

— *Lutin et démon*. 1 vol. avec 36
gravures d'après Pranishnikoff et
E. Zier.

— *Normands et Normandes*. 1 vol.
avec 70 gravures d'après E. Zier.

— *Un jardin suspendu*. 1 vol. avec
39 gravures d'après C. Gilbert.

— *Notre-Dame Guesclin*. 1 vol. avec
70 gravures d'après E. Zier.

— *Une sœur*. 1 vol. avec 65 gravures
d'après E. Bayard.

— *Légendes et récits pour la jeunesse*. 1 vol. avec 18 gravures d'après Philippoteaux.

— *Un nid*. 1 vol. avec 63 gravures
d'après Ferdinandus.

— *Un patriote au quatorzième siècle*.
1 vol. illustré de gravures d'après
E. Zier.

BIBLIOTHÈQUE DES PETITS ENFANTS
DE 4 A 8 ANS
FORMAT GRAND IN-16
CHAQUE VOLUME, BROCHÉ, 2 FR. 25
CARTONNÉ EN PERCALINE BLEUE, TRANCHES DORÉES, 3 FR. 50

Ces volumes sont imprimés en gros caractères.

Cheron de la Bruyère (Mme): *Contes à Pépée.* 1 vol. avec 24 gravures d'après Grivaz.
— *Plaisirs et aventures.* 1 vol. avec 30 gravures d'après Jeanniot.
— *La perruque du grand-père.* 1 vol. illustré de 30 gr. d'après Tofani.
— *Les enfants de Boisfleuri.* 1 vol. illustré de 30 gravures d'après Semechini.
— *Les vacances à Trouville.* 1 vol. avec 40 gravures d'après Tofani.
— *Le château du Roc-Salé.* 1 vol. illustré de 30 gr. d'après TOFANI.
Colomb (Mme) : *Les infortunes de Chouchou.* 1 vol. avec 48 gravures d'après Riou.
Desgranges (Guillemette) : *Le chemin du collège.* 1 vol. illustré de 30 gravures d'après Tofani.
— *La famille Le Jarriel.* 1 vol. illustré de 36 gr. d'après GEOFFROY.
Duporteau (Mme) : *Petits récits.* 1 vol. avec 28 gr. d'après Tofani.
Erwin (Mme E. d') : *Un été a la campagne.* 1 vol. avec 39 gravures d'après Sahib.
Favre : *L'épreuve de Georges.* 1 vol. avec 44 gravures d'après Geoffroy.
Franck (Mme E.) : *Causeries d'une grand'mère.* 1 vol. avec 72 gravures d'après C. Delort.
Fresneau (Mme), née de Ségur: *Une année du petit Joseph.* Imité de l'anglais. 1 vol. avec 67 gravures d'après Jeanniot.
Girardin (J.) : *Quand j'étais petit garçon* 1 vol. avec 52 gravures d'après Ferdinandus.
— *Dans notre classe.* 1 vol. avec 26 gravures d'après Jeanniot.
Le Roy (Mme F.) : *L'aventure de Petit Paul.* 1 vol. illustré de 45 gravures, d'après Ferdinandus.

Le Roy (Mme F.) : *Pipo.* 1 vol. illustré de 36 grav. d'après MENCINA KRESZ.
Molesworth (Mrs) : *Les aventures de M. Baby*, traduit de l'anglais par Mme de Witt. 1 vol. avec 42 gravures d'après W. Crane.
Pape-Carpantier (Mme) : *Nouvelles histoires et leçons de choses.* 1 vol. avec 42 gravures d'après Semechini.
Surville (André) : *Les grandes vacances.* 1 vol. avec 30 gravures d'après Semechini.
— *Les amis de Berthe.* 1 vol. avec 30 gravures d'après Ferdinandus.
— *La petite Givonnette.* 1 vol. illustré de 34 gravures d'après Gregny.
— *Fleur des champs.* 1 vol. illustré de 32 gravures d'après Zier.
— *La vieille maison du grand père.* 1 vol. avec 34 gravures d'après Zier.
Witt (Mar de), née Guizot : *Histoire de deux petits frères.* 1 vol. avec 45 grav. d'après Tofani.
— *Sur la plage.* 1 vol. avec 55 gravures, d'après Ferdinandus.
— *Par monts et par vaux.* 1 vol. avec 54 grav. d'après Ferdinandus.
— *Vieux amis.* 1 vol. avec 60 gravures d'après Ferdinandus.
— *En pleins champs.* 1 vol. avec 45 gravures d'après Gilbert.
— *Petite.* 1 vol. avec 56 gravures d'après Tofani.
— *A la montagne.* 1 vol. illustré de 5 gravures d'après Ferdinandus.
— *Deux tout petits.* 1 vol. illustré de 32 gravures d'après Ferdinandus.
— *Au-dessus du lac.* 1 vol. avec 44 gravures.
— *Les enfants de la tour du Roc.* 1 vol. illustré de 56 gravures d'après E. ZIER.

BIBLIOTHÈQUE ROSE ILLUSTRÉE

FORMAT IN-16

CHAQUE VOLUME, BROCHÉ, 2 FR. 25

CARTONNÉ EN PERCALINE ROUGE, TRANCHES DORÉES, 3 FR. 50

Iᵣᵉ SÉRIE, POUR LES ENFANTS DE 4 A 8 ANS

Anonyme : *Chien et chat*. traduit de l'anglais. 1 vol. avec 45 gravures d'après É. Bayard.

— *Douze histoires pour les enfants de quatre à huit ans*, par une mère de famille. 1 vol. avec 8 gravures d'après Bertall.

— *Les enfants d'aujourd'hui*, par le même auteur. 1 vol. avec 40 gravures d'après Bertall.

Carraud (Mᵐᵉ) : *Historiettes véritables*, pour les enfants de quatre à huit ans. 1 vol. avec 94 gravures d'après G. Fath.

Fath (G.) : *La sagesse des enfants*, proverbes. 1 vol. avec 100 gravures d'après l'auteur.

Laroque (Mᵐᵉ) : *Grands et petits*. 1 vol. avec 61 gravures d'après Bertall.

Marcel (Mᵐᵉ J.) : *Histoire d'un cheval de bois*. 1 vol. avec 20 gravures d'après E. Bayard.

Pape-Carpantier (Mᵐᵉ) : *Histoire et leçons de choses pour les enfants*. 1 vol. avec 85 gravures d'après Bertall.

Ouvrage couronné par l'Académie française.

Perrault, MMᵐᵉˢ d'Aulnoy et Leprince de Beaumont : *Contes de fées*. 1 vol. avec 65 gravures d'après Bertall et Forest.

Porchat (J.) : *Contes merveilleux*. 1 vol. avec 21 gravures d'après Bertall.

Schmid (le chanoine) : 190 *contes pour les enfants*, traduit de l'allemand par André Van Hasselt. 1 vol. avec 29 gravures d'après Bertall.

Ségur (Mᵐᵉ la comtesse de) : *Nouveaux contes de fées*. 1 vol. avec 46 gravures d'après Gustave Doré et H. Didier.

IIᵉ SÉRIE, POUR LES ENFANTS DE 8 A 14 ANS

Achard (A.) : *Histoire de mes amis*. 1 vol. avec 25 gravures d'après Bellecroix.

Alcott (Miss) : *Sous les lilas*. traduit de l'anglais par Mᵐᵉ S. Lepage. 1 vol. avec 23 gravures.

Andersen : *Contes choisis*, traduit du danois par Soldi. 1 vol. avec 40 gravures d'après Bertall.

Anonyme : *Les fêtes d'enfants*, scènes et dialogues. 1 vol. avec 41 gravures d'après Foulquier.

Assollant (A.). *Les aventures mer-
veilleuses mais authentiques du
capitaine Corcoran.* 2 vol. avec
50 gravures, d'après A. de Neuville.

Barrau (Th.) : *Amour filial.* 1 vol.
avec 41 gravures d'après Ferogio.

Bawr (Mme de) : *Nouveaux contes.*
1 vol. avec 40 grav. d'après Bertall.
Ouvrage couronné par l'Académie
française.

Beleze : *Jeux des adolescents.* 1 vol.
avec 140 gravures.

Berquin : *Choix de petits drames et
de contes.* 1 vol. avec 36 gravures
d'après Foulquier, etc.

Berthet (E.) : *L'enfant des bois.*
1 vol. avec 61 gravures.
— *La petite Chaillou.* 1 vol. illustré
de 41 gravures d'après É. Bayard
et G. Fraipont.

Blanchère (De la) : *Les aventures
de la Ramée.* 1 vol. avec 36 gravures d'après E. Forest.
— *Oncle Tobie le pêcheur.* 1 vol. avec
80 gr. d'après Foulquier et Mesnel.

Boiteau (P.): *Légendes recueillies ou
composées pour les enfants.* 1 vol.
avec 42 gravures d'après Bertall.

Carpentier (Mlle E.): *La maison du
bon Dieu.* 1 vol. avec 58 gravures
d'après Riou.
— *Sauvons-le !* 1 vol. avec 60 gravures d'après Riou.
— *Le secret du docteur,* ou la maison
fermée. 1 vol. avec 43 gravures
d'après P. Girardet.
— *La tour du preux.* 1 vol. avec
59 gravures d'après Tofani.
— *Pierre le Tors.* 1 vol. avec 64 gravures d'après Zier.
— *La dame bleue.* 1 vol. illustré de
49 gravures d'après E. Zier.

Carraud (Mme Z.): *La petite Jeanne,*
ou le devoir. 1 vol. avec 21 gravures d'après Forest.
Ouvrage couronné par l'Académie
française.

Carraud (Mme Z.) (suite) : *Les goû-
ters de la grand'mère.* 1 vol. avec
18 gravures d'après E. Bayard.
— *Les métamorphoses d'une goutte
d'eau.* 1 vol. avec 50 gravures
d'après É. Bayard.

Castillon (A.) : *Les récréations
physiques.* 1 vol. avec 36 gravures
d'après Castelli.
— *Les récréations chimiques,* faisant
suite au précédent. 1 vol. avec
34 gravures d'après H. Castelli.

Cazin (Mme J.) : *Les petits montagnards.* 1 vol. avec 51 gravures
d'après G. Vuillier.
— *Un drame dans la montagne.* 1 vol.
avec 33 grav. d'après G. Vuillier.
— *Histoire d'un pauvre petit.* 1 vol.
avec 40 gravures d'après Tofani.
— *L'enfant des Alpes.* 1 vol. avec
33 gravures d'après Tofani.
— *Perlette.* 1 vol. illustré de 54 gravures d'après MYRBACH.
— *Les saltimbanques.* 1 vol. avec
66 gravures d'après Girardet.
— *Le petit chevrier.* 1 vol. illustré
de 39 gravures d'après VUILLIER.

Chabreul (Mme de) : *Jeux et exercices des jeunes filles.* 1 vol. avec
62 gravures d'après Fath, et la
musique des rondes.

Colet (Mme L.) : *Enfances célèbres.*
1 vol. avec 57 grav. d'après Foulquier.

Colomb (Mme J.) : *Souffre-douleur.*
1 vol. illustré de 49 gravures d'après
Mlle Marcelle Lancelot.

Contes anglais, traduits par Mme de
Witt. 1 vol. avec 43 gravures
d'après Morin.

Deslys (Ch.) : *Grand'maman.* 1 vol.
avec 29 gravures d'après E. Zier.

Edgeworth (Miss) : *Contes de
l'adolescence,* traduit par A. Le
François. 1 vol. avec 42 gravures
d'après Morin.

Edgeworth (Miss) (suite) : *Contes de l'enfance*, traduit par le même. 1 vol. avec 26 gravures d'après Foulquier.

— *Demain*, suivi de *Mourad le malheureux*, contes traduits par H. Jousselin. 1 vol. avec 55 grav. d'après Bertall.

Fath (G.) : *Bernard, la gloire de son village*. 1 vol. avec 56 gravures d'après Mᵐᵉ G. Fath.

Fénelon : *Fables*. 1 vol. avec 29 grav. d'après Forest et É. Bayard.

Fleuriot (Mˡˡᵉ) : *Le petit chef de famille*. 1 vol. avec 57 gravures d'après H. Castelli.

— *Plus tard*, ou le jeune chef de famille. 1 vol. avec 60 gravures d'après É. Bayard.

— *L'enfant gâté*. 1 vol. avec 48 gravures d'après Ferdinandus.

— *Tranquille et Tourbillon*. 1 vol. avec 45 grav. d'après C. Delort.

— *Cadette*. 1 vol. avec 52 gravures d'après Tofani.

— *En congé*. 1 vol. avec 61 gravures d'après Ad. Marie.

— *Bigarette*. 1 vol. avec 48 gravures d'après Ad. Marie.

— *Bouche-en-Cœur*. 1 vol. avec 45 gravures d'après Tofani.

— *Gildas l'intraitable*, 1 vol. avec 56 gravures d'après E. Zier.

— *Parisiens et Montagnards*. 1 vol. avec 49 gravures d'après E. Zier.

Foë (de) : *La vie et les aventures de Robinson Crusoé*, traduit de l'anglais. 1 vol. avec 40 gravures.

Fonvielle (W. de) : *Néridah*. 2 vol. avec 45 gravures d'après Sahib.

Fresneau (Mᵐᵉ), née de Ségur : *Comme les grands!* 1 vol. illustré de 46 gravures d'après Ed. Zier.

— *Thérèse à Saint-Domingue*. 1 vol. avec 49 gravures d'après Tofani.

— *Les protégés d'Isabelle*. 1 vol. illustré de 42 gravures d'après Tofani.

Genlis (Mᵐᵉ de,) : *Contes moraux*. 1 v. avec 40 grav. d'après Foulquier, etc.

Gérard (A.) : *Petite Rose — Grande Jeanne*. 1 vol. avec 28 gravures d'après Gilbert.

Girardin (J.) : *La disparition du grand Krause*. 1 vol. avec 70 gravures d'après Kauffmann.

Giron (A.) : *Ces pauvres petits*. 1 vol. avec 22 grav. d'après B. Nouvel.

Gouraud (Mˡˡᵉ J.) : *Les enfants de la ferme*. 1 vol. avec 59 grav. d'après É. Bayard.

— *Le livre de maman*. 1 vol. avec 68 grav. d'après É. Bayard.

— *Cécile, ou la petite sœur*. 1 vol. avec 26 grav. d'après Desandré.

— *Lettres de deux poupées*. 1 vol. avec 59 gravures d'après Olivier.

— *Le petit colporteur*. 1 vol. avec 27 grav. d'après A. de Neuville.

— *Les mémoires d'un petit garçon*. 1 vol. avec 86 gravures d'après É. Bayard.

— *Les mémoires d'un caniche*. 1 vol. avec 75 gravures d'après É. Bayard.

— *L'enfant du guide*. 1 vol. avec 60 gravures d'après É. Bayard.

— *Petite et grande*. 1 vol. avec 48 gravures d'après É. Bayard.

— *Les quatre pièces d'or*. 1 vol. avec 54 gravures d'après É. Bayard.

— *Les deux enfants de Saint-Domingue*. 1 vol. avec 54 gravures d'après É. Bayard.

— *La petite maîtresse de maison*. 1 vol. avec 37 grav. d'après Marie.

— *Les filles du professeur*. 1 vol. avec 36 grav. d'après Kauffmann.

— *La famille Harel*. 1 vol. avec 44 gravures d'après Valnay.

— *Aller et retour*. 1 vol. avec 40 gravures d'après Ferdinandus.

— *Les petits voisins*. 1 vol. avec 39 gravures d'après C. Gilbert.

Gouraud (Mlle J.) (suite) : *Chez grand'mère*. 1 vol. avec 98 grav. d'après Tofani.
— *Le petit bonhomme*. 1 vol. avec 45 grav. d'après A. Ferdinandus.
— *Le vieux château*. 1 vol. avec 28 gravures d'après E. Zier.
— *Pierrot*. 1 vol. avec 31 gravures d'après E. Zier.
— *Minette*. 1 vol. illustré de 52 gravures d'après TOFANI.
— *Quand je serai grande!* 1 vol. avec 60 gravures d'après Ferdinandus.

Grimm (les frères) : *Contes choisis*, traduit par Ferd. Baudry. 1 vol. avec 40 gravures d'après Bertall.

Hauff : *La caravane*, traduit par A. Talon. 1 vol. avec 40 gravures d'après Bertall.
— *L'auberge du Spessart*, traduit par A. Talon. 1 vol. avec 61 gravures d'après Bertall.

Hawthorne : *Le livre des merveilles*, traduit de l'anglais par L. Rabillon. 2 vol. avec 40 gravures d'après Bertall.

Hébel et Karl Simrock : *Contes allemands*, traduit par M. Martin. 1 vol. avec 27 grav. d'après Bertall.

Johnson (R. B.) : *Dans l'extrême Far West*, traduit de l'anglais par A. Talandier. 1 vol. avec 20 gravures d'après A. Marie.

Marcel (Mme J.) : *L'école buissonnière*. 1 vol. avec 20 gravures d'après A. Marie.
— *Le bon frère*. 1 vol. avec 21 gravures d'après É. Bayard.
— *Les petits vagabonds*. 1 vol. avec 25 gravures d'après É. Bayard.
— *Histoire d'une grand'mère et de son petit-fils*. 1 vol. avec 36 gravures d'après C. Delort.
— *Daniel*. 1 vol. avec 45 gravures d'après Gilbert.

Marcel (Mme J.) (suite) : *Le frère et la sœur*. 1 vol. avec 45 gravures d'après E. Zier.
— *Un bon gros pataud*. 1 vol. avec 45 gravures d'après Jeanniot.
— *L'oncle Philibert*. 1 vol. illustré de 56 grav. d'après Fr. Régamey.

Maréchal (Mlle M.) : *La dette de Ben-Aïssa*. 1 vol. avec 20 gravures d'après Bertall.
— *Nos petits camarades*. 1 vol. avec 18 gravures d'après E. Bayard et H. Castelli, etc.
— *La maison modèle*. 1 vol. avec 42 gravures d'après Sahib.

Marmier (X.) : *L'arbre de Noël*. 1 vol. avec 68 grav. d'après Bertall.

Martignat (Mlle de) : *Les vacances d'Élisabeth*. 1 vol. avec 36 gravures d'après Kauffmann.
— *L'oncle Boni*. 1 vol. avec 42 gravures d'après Gilbert.
— *Ginette*. 1 vol. avec 50 gravures d'après Tofani.
— *Le manoir d'Yolan*. 1 vol. avec 56 gravures d'après Tofani.
— *Le pupille du général*. 1 vol. avec 40 gravures d'après Tofani.
— *L'héritière de Maurivèze*. 1 vol. avec 39 grav. d'après Poirson.
— *Une vaillante enfant*. 1 vol. avec 43 gravures par Tofani.
— *Une petite-nièce d'Amérique*. 1 vol. avec 43 gravures d'après Tofani.
— *La petite fille du vieux Thémi*. 1 vol. illustré de 42 gravures d'après TOFANI.

Mayne-Reid (le capitaine) : *Les chasseurs de girafes*, traduit de l'anglais par H. Vattemare. 1 vol. avec 10 grav. d'après A. de Neuville.
— *A fond de cale*, traduit par Mme H. Loreau. 1 vol. avec 12 gravures.
— *A la mer!* traduit par Mme H. Loreau. 1 vol. avec 12 gravures.

Mayne-Reid (le capitaine) (suite) :
— *Bruin*, ou les chasseurs d'ours, traduit par A. Letellier. 1 vol. avec 8 grandes gravures.
— *Les chasseurs de plantes*, traduit par Mme H. Loreau. 1 vol. avec 29 gravures.
— *Les exilés dans la forêt*, traduit par Mme H. Loreau. 1 vol. avec 12 gravures.
— *L'habitation du désert*, traduit par A. Le François. 1 vol. avec 24 grav.
— *Les grimpeurs de rochers*, traduit par Mme H. Loreau. 1 vol. avec 20 gravures.
— *Les peuples étranges*, traduit par Mme H. Loreau. 1 vol. avec 24 grav.
— *Les vacances des jeunes Boërs*, traduit par Mme H. Loreau. 1 vol. avec 12 gravures.
— *Les veillées de chasse*, traduit par H.-B. Révoil. 1 vol. avec 43 gravures d'après Freeman.
— *La chasse au Léviathan*, traduit par J. Girardin. 1 vol. avec 51 gravures d'après A. Ferdinandus et Th. Weber.
— *Les naufragés de la Calypso*. 1 vol. traduit par Mme GUSTAVE DEMOULIN et illustré de 55 gravures d'après PRANISHNIKOFF.

Muller (E.) : *Robinsonnette*. 1 vol. avec 22 gravures d'après Lix.

Ouida : *Le petit comte*. 1 vol. avec 34 gravures d'après G. Vuillier, Tofani, etc.

Peyronny (Mme de), née d'Isle : *Deux cœurs dévoués*. 1 vol. avec 53 gravures d'après J. Devaux.

Pitray (Mme de) : *Les enfants des Tuileries*. 1 vol. avec 29 gravures d'après É. Bayard.
— *Les débuts du gros Philéas*. 1 vol. avec 57 grav. d'après H. Castelli.
— *Le château de la Pélaudière*. 1 vol. avec 78 grav. d'après A. Marie.

Pitray (Mme de) (suite) : *Le fils du maquignon*. 1 vol. avec 65 grav. d'après Riou.
— *Petit monstre et poule mouillée*. 1 vol. avec 66 grav. par E. Girardet.
— *Robin des Bois*. 1 vol. illustré de 40 gravures d'après Sirouy.

Rendu (V.) : *Mœurs pittoresques des insectes*. 1 vol. avec 49 grav.

Rostoptchine (Mme la comtesse) : *Belle, Sage et Bonne*. 1 vol. avec 39 gravures d'après Ferdinandus.

Sandras (Mme) : *Mémoires d'un lapin blanc*. 1 vol. avec 20 gravures d'après E. Bayard.

Sannois (Mlle la comtesse de) : *Les soirées à la maison*. 1 vol. avec 42 gravures d'après É. Bayard.

Ségur (Mme la comtesse de) : *Après la pluie, le beau temps*. 1 vol. avec 128 grav. d'après É. Bayard.
— *Comédies et proverbes*. 1 vol. avec 60 gravures d'après É. Bayard.
— *Diloy le chemineau*. 1 vol. avec 90 gravures d'après H. Castelli.
— *François le bossu*. 1 vol. avec 114 gravures d'après É. Bayard.
— *Jean qui grogne et Jean qui rit*. 1 vol. avec 70 grav. d'après Castelli.
— *La fortune de Gaspard*. 1 vol. avec 52 gravures d'après Gerlier.
— *La sœur de Gribouille*. 1 vol. avec 72 grav. d'après H. Castelli.
— *Pauvre Blaise!* 1 vol. avec 65 gravures d'après H. Castelli.
— *Quel amour d'enfant!* 1 vol. avec 79 gravures d'après É. Bayard.
— *Un bon petit diable*. 1 vol. avec 100 gravures d'après H. Castelli.
— *Le mauvais génie*. 1 vol. avec 90 gravures d'après É. Bayard.
— *L'auberge de l'Ange-Gardien*. 1 vol. avec 75 grav. d'après Foulquier.
— *Le général Dourakine*. 1 vol. avec 100 gravures d'après É. Bayard.

— 13 —

Ségur (Mme la comtesse de) (suite) : *Les bons enfants.* 1 vol. avec 70 gravures d'après Ferogio.
— *Les deux nigauds.* 1 vol. avec 76 gravures d'après H. Castelli.
— *Les malheurs de Sophie.* 1 vol. avec 48 grav. d'après H. Castelli.
Les petites filles modèles. 1 vol. avec 21 gravures d'après Bertall.
— *Les vacances.* 1 vol. avec 36 gravures d'après Bertall.
— *Mémoires d'un âne.* 1 vol. avec 75 grav. d'après H. Castelli.
Stolz (Mme de): *La maison roulante.* 1 vol. avec 20 grav. sur bois d'après É. Bayard.
— *Le trésor de Nanette.* 1 vol. avec 24 gravures d'après É. Bayard.
— *Blanche et noire.* 1 vol. avec 54 gravures d'après É. Bayard.
— *Par-dessus la haie.* 1 vol. avec 56 gravures d'après A. Marie.
— *Les poches de mon oncle.* 1 vol. avec 20 gravures d'après Bertall.
— *Les vacances d'un grand-père.* 1 vol. avec 40 gravures d'après G. Delafosse.
— *Quatorze jours de bonheur.* 1 vol. avec 45 gravures d'après Bertall.
— *Le vieux de la forêt.* 1 vol. avec 32 gravures d'après Sahib.
— *Le secret de Laurent.* 1 vol. avec 32 gravures d'après Sahib.
— *Les deux reines.* 1 vol. avec 32 gravures d'après Delort.
— *Les mésaventures de Mlle Thérèse.* 1 vol. avec 29 grav. d'après Charles.

Stolz (Mme de) (suite) : *Les frères de lait.* 1 vol. avec 42 gravures d'après E. Zier.
— *Magali.* 1 vol. avec 36 gravures d'après Tofani.
— *La maison blanche.* 1 vol. avec 35 gravures d'après Tofani.
— *Les deux André.* 1 vol. avec 45 gravures d'après Tofani.
— *Deux tantes.* 1 vol. avec 43 gravures d'après Tofani.
— *Violence et bonté.* 1 vol. avec 36 gravures par Tofani.
— *L'embarras du choix.* 1 v. illustré de 36 gravures d'après Tofani.
Swift : *Voyages de Gulliver*, traduit et abrégé à l'usage des enfants. 1 vol. avec 57 gravures d'après Delafosse.
Taulier : *Les deux petits Robinsons de la Grande-Chartreuse.* 1 vol. avec 69 gravures d'après É. Bayard et Hubert Clerget.
Tournier : *Les premiers chants*, poésies à l'usage de la jeunesse, 1 vol. avec 20 gravures d'après Gustave Roux.
Vimont (Ch.) : *Histoire d'un navire.* 1 vol. avec 40 gravures d'après Alex. Vimont.
Witt (Mme de), née Guizot : *Enfants et parents.* 1 vol. avec 34 gravures d'après A. de Neuville.
— *La petite-fille aux grand'mères.* 1 vol. avec 36 grav. d'après Beau.
— *En quarantaine.* 1 vol. avec 48 gravures d'après Ferdinandus.

III° SÉRIE, POUR LES ENFANTS ADOLESCENTS
ET POUVANT FORMER UNE BIBLIOTHÈQUE POUR LES JEUNES FILLES DE 14 A 18 ANS

VOYAGES

Agassiz (M. et Mme) : *Voyage au Brésil*, traduit et abrégé par J. Belin de Launay. 1 vol. avec 16 gravures et 1 carte.

Aunet (Mme d') : *Voyage d'une femme au Spitzberg.* 1 vol. avec 34 gravures.

Baines : *Voyages dans le sud-ouest de l'Afrique*, traduit et abrégé par J. Belin de Launay. 1 vol. avec 22 gravures et 1 carte.

Baker: *Le lac Albert N'yanza.* Nouveau voyage aux sources du Nil, abrégé par Belin de Launay. 1 vol. avec 16 gravures et 1 carte.

Baldwin: *Du Natal au Zambèze* (1861-1865). Récits de chasses, abrégés par J. Belin de Launay. 1 vol. avec 24 gravures et 1 carte.

Burton (le capitaine): *Voyages à la Mecque, aux grands lacs d'Afrique et chez les Mormons,* abrégé par J. Belin de Launay. 1 vol. avec 12 gravures et 3 cartes.

Catlin: *La vie chez les Indiens,* traduit de l'anglais. 1 vol. avec 25 gravures.

Fonvielle (W. de): *Le glaçon du Polaris,* aventures du capitaine Tyson. 1 vol. avec 19 gravures et 1 carte.

Hayes (Dr): *La mer libre du pôle,* traduit par F. de Lanoye, et abrégé par J. Belin de Launay. 1 vol. avec 14 gravures et 1 carte.

Hervé et de **Lanoye**: *Voyages dans les glaces du pôle arctique.* 1 vol. avec 40 gravures.

Lanoye (F. de): *Le Nil et ses sources.* 1 vol. avec 32 gravures et des cartes.

— *La Sibérie.* 1 vol. avec 48 gravures d'après Lebreton, etc.

— *Les grandes scènes de la nature.* 1 vol. avec 40 gravures.

— *La mer polaire,* voyage de l'*Érèbe* et de la *Terreur,* et expédition à la recherche de Franklin. 1 vol. avec 29 gravures et des cartes.

— *Ramsès le Grand,* ou l'Égypte il y a trois mille trois cents ans. 1 vol. avec 39 gravures d'après Lancelot, E. Bayard, etc.

Livingstone: *Explorations dans l'Afrique australe,* abrégé par J. Belin de Launay. 1 vol. avec 20 gravures et 1 carte.

Livingstone (suite): *Dernier journal,* abrégé par J. Belin de Launay. 1 vol. avec 16 grav. et 1 carte.

Mage (L.): *Voyage dans le Soudan occidental,* abrégé par J. Belin de Launay. 1 vol. avec 16 gravures et 1 carte.

Milton et **Cheadle**: *Voyage de l'Atlantique au Pacifique,* traduit et abrégé par J. Belin de Launay. 1 vol. avec 16 gravures et 2 cartes.

Mouhot (Ch.): *Voyage dans le royaume de Siam, le Cambodge et le Laos.* 1 vol. avec 28 gravures et 1 carte.

Palgrave (W. G.): *Une année dans l'Arabie centrale,* traduit et abrégé par J. Belin de Launay. 1 vol. avec 12 gravures, 1 portrait et 1 carte.

Pfeiffer (Mme): *Voyages autour du monde,* abrégé par J. Belin de Launay. 1 vol. avec 16 gravures et 1 carte.

Piotrowski: *Souvenirs d'un Sibérien.* 1 vol. avec 10 gravures d'après A. Marie.

Schweinfurth (Dr): *Au cœur de l'Afrique* (1866-1871). Traduit par Mme H. Loreau, et abrégé par J. Belin de Launay. 1 vol. avec 16 gravures et 1 carte.

Speke: *Les sources du Nil,* édition abrégée par J. Belin de Launay. 1 vol. avec 24 gravures et 3 cartes.

Stanley: *Comment j'ai retrouvé Livingstone,* traduit par Mme Loreau, et abrégé par J. Belin de Launay. 1 vol. avec 16 gravures et 1 carte.

Vambéry: *Voyages d'un faux derviche dans l'Asie centrale,* traduit par E. D. Forgues, et abrégé par J. Belin de Launay. 1 vol. avec 18 gravures et une carte.

HISTOIRE

Le loyal serviteur : *Histoire du gentil seigneur de Bayard*, revue et abrégée, à l'usage de la jeunesse, par Alph. Feillet. 1 vol. avec 36 gravures d'après P. Sellier.

Monnier M.) : *Pompéi et les Pompéiens*. Édition à l'usage de la jeunesse. 1 vol. avec 25 gravures d'après Thérond.

Plutarque : *Vie des Grecs illustres*, édition abrégée par A. Feillet. 1 vol. avec 53 gravures d'après P. Sellier.

— *Vie des Romains illustres*, édition abrégée par A. Feillet. 1 vol. avec 69 gravures d'après P. Sellier.

Retz (Le cardinal de) : *Mémoires* abrégés par A. Feillet. 1 vol. avec 35 gravures d'après Gilbert, etc.

LITTÉRATURE

Bernardin de Saint-Pierre : *Œuvres choisies*. 1 vol. avec 12 gravures d'après É. Bayard.

Cervantès : *Don Quichotte de la Manche*. 1 vol. avec 64 gravures d'après Bertall et Forest.

Homère : *L'Iliade et l'Odyssée*, traduites par P. Giguet et abrégées par Alph. Feillet. 1 vol. avec 33 gravures d'après Olivier.

Le Sage : *Aventures de Gil Blas*, édition destinée à l'adolescence. 1 vol. avec 50 gravures d'après Leroux.

Mac-Intosch (Miss) : *Contes américains*, traduit par Mme Dionis. 2 vol. avec 50 gravures d'après É. Bayard.

Maistre (X. de) : *Œuvres choisies*. 1 vol. avec 15 gravures d'après É. Bayard.

Molière : *Œuvres choisies*, abrégées, à l'usage de la jeunesse. 2 vol. avec 23 gravures d'après Hillemacher.

Virgile : *Œuvres choisies*, traduites et abrégées à l'usage de la jeunesse, par Th. Barrau. 1 vol. avec 20 gravures d'après P. Sellier.

PETITE BIBLIOTHÈQUE DE LA FAMILLE

FORMAT PETIT IN-12

A 2 FRANCS LE VOLUME

LA RELIURE EN PERCALINE GRIS PERLE, TRANCHES ROUGES,

SE PAYE EN SUS, 50 C.

Fleuriot (Mlle Z.) : *Tombée du nid.* 1 vol.

— *Raoul Daubry, chef de famille;* 2ᵉ édit. 1 vol.

— *L'héritier de Kerguignon;* 3ᵉ édit. 1 vol.

— *Réséda;* 9ᵉ édit. 1 vol.

— *Ces bons Rosaëc!* 1 vol.

— *La vie en famille;* 8ᵉ édit. 1 vol.

— *Le cœur et la tête.* 1 vol.

— *Au Galadoc.* 1 vol.

— *De trop.* 1 vol.

— *Le théâtre chez soi, comédies et proverbes.* 1 vol.

— *Sans beauté.* 1 vol.

Fleuriot Kérinou : *De fil en aiguille.* 1 vol.

Girardin (J.) : *Le locataire des demoiselles Rocher.* 1 vol.

Girardin (J.) (suite) : *Les épreuves d'Étienne.* 1 vol.

— *Les théories du docteur Wurtz.* 1 vol.

— *Miss Sans-Cœur;* 2ᵉ édit. 1 vol.

— *Les braves gens.* 1 vol.

Marcel (Mme J.) : *Le Clos-Chantereine.* 1 vol.

Wiele (Mme Van de) : *Filleul du roi!* 1 vol.

Witt (Mme de), née Guizot : *Tout simplement;* 2ᵉ édition. 1 vol.

— *Reine et maîtresse.* 1 vol.

— *Un héritage.* 1 vol.

— *Ceux qui nous aiment et ceux que nous aimons.* 1 vol.

— *Sous tous les cieux.* 1 vol.

— *A travers pays.*

D'autres volumes sont en préparation.

20034 — Imprimeries réunies. A, rue Mignon, 2, Paris. — 11-89. — 100,000.

www.ingramcontent.com/pod-product-compliance
Lightning Source LLC
Chambersburg PA
CBHW071345280326
41927CB00039B/1762